高盛眼中的世界

实用经济学

[英] 吉姆·奥尼尔（Jim O' Neill）著
吴进操◎译

THE GROWTH MAP
ECONOMIC OPPORTUNITY IN THE BRICs AND BEYOND

机械工业出版社
China Machine Press

本书版权登记号：图字：01-2012-0986

图书在版编目（CIP）数据

高盛眼中的世界/（英）奥尼尔（O' Neill，J.）著．吴进操译．—北京：机械工业出版社，2012.3

（实用经济学）

书名原文：The Growth Map：Economic Opportunity in the BRICs and Beyond

ISBN 978-7-111-37667-5

Ⅰ．高…　Ⅱ．①奥…　②吴…　Ⅲ．世界经济－经济发展－研究　Ⅳ．F11

中国版本图书馆 CIP 数据核字（2012）第 040646 号

机械工业出版社（北京市西城区百万庄大街 22 号　邮政编码 100037）

责任编辑：宁　姗　　　　版式设计：刘永青

北京京师印务有限公司印刷

2012 年 5 月第 1 版第 2 次印刷

170mm × 242mm · 15.75 印张

标准书号：ISBN 978-7-111-37667-5

定价：39.90 元

凡购本书，如有缺页、倒页、脱页，由本社发行部调换

客服热线：（010）68995261；88361066

购书热线：（010）68326294；88379649；68995259

投稿热线：（010）88379007

读者信箱：hzjg@hzbook.com

谨以本书献给我的家人

Foreword 分享

奥尼尔先生早在十多年前对金砖四国未来经济发展巨大潜力的正确判断显示了他扎实的经济学功底和敏锐的洞察力。金砖四国理论的建立可以说是现代发展经济学的一个重要里程碑，为政府、企业家和投资者提供了极有价值的指引。作为一个外国人，奥尼尔先生对于中国经济的理解和分析十分透彻、独具慧眼。他抓住了中国在全球化过程中充当的重要角色，尤其是中国崛起对于包括其他金砖三国在内的全球经济格局变化的影响。作为一个长期从事中国经济研究的经济分析师，我从书中学到了许多有价值的观点和分析方法。本人强烈推荐经济研究人员和对经济学感兴趣的各界人士认真阅读本书。

当然，在看到中国经济长期发展潜力的同时，也需要充分认识到其所存在的不足和风险。我国现有经济增长模式下产生的结构失衡问题，重要要素价格的非市场化长期制约着资源的更合理分配和经济效率的进一步提高，房地产价格高企蕴藏着对未来经济增长和金融系统的风险，贫富差距及其形成原因对于社会稳定的挑战，人口老化可能导致的财政压力和劳动力成本上升的结构性通货膨胀压力，知识产权保护的不足和自主创新的匮乏不利于提高长期国际竞争力，等等。读者不应当指望所有这些问题在本书中得到解答，但是带着这些问题阅读本书，会让我们觉得对中国经济的研究是无止境的，因为中国这些年来取得的成就和产生的问题一样多。

哈继铭

高盛集团中国投资管理部副主席兼首席投资策略师

Introduction

引言

勇往直前的经济增长

2008 年春天，为了庆祝 25 周年结婚纪念日，我预订了一份特殊的礼物，好给妻子一个惊喜。我们打算到喜马拉雅山珠峰营地徒步旅行，时间定在 10 月。就在临行的三个星期前，美国第四大投资银行雷曼兄弟宣告破产，由此引发了全球金融危机。

那时，我在美国另外一家投资银行高盛公司伦敦办事处担任首席经济师。听闻雷曼兄弟破产的消息后，我左右为难，不知所措。度假不仅意味着离开办公室两个星期，还意味着与外界脱离联系。我要不要去度假？从金融业的角度看，世界似乎即将崩溃。再三思虑后，我决定外出度假。倘若空等世界度过危机，我恐怕永远无法休假。况且，我也确实需要放松一下自己。因此，在过去的几个星期里，我都在马不停蹄地工作，周末也不例外。待在办公室丝毫不能解决危机。离开工作岗位却可以远离一切喧闹，反而给自己留下了思考的空间。

在前往珠峰的途中，我们在尼泊尔首都加德满都住了一晚，等待第二天飞往卢克拉的丹增－希拉里机场的惊心航班。（据说丹增－希拉里机场一端为高耸的大山，一端为千米之深的悬崖，航程让人胆战心惊。）在酒店的餐厅里，只有我们两个人就餐，所以酒店经理有时间陪我们聊天，他提到了席卷全球的“信贷危机”。对于我们这些西方国家的人来说，所谓信贷危机就是突然不能贷款了。但在尼泊尔，很多生意都用现金或实物进行交易，信贷危机与他们并没有多大关系。这位健谈的酒店经理真正担心的是能源成本的不断上涨。加德满都也许不会关心次级房贷违约，但他们肯定会关心油价。

酒店经理正说着，我突然想到，酒店经理关心的事情几乎就是中国人和印度人关心的事情。只要油价跌回原来的水平，这场公认的全球危机就只与西方国家有关，根本不具有全球性。灵感由此而至，我要为酒店经理干杯。

在前往珠峰营地的路上，我们来到南吉巴札小镇。小镇坐落于高原边缘，海拔 3 800 米左右。镇上有集市，能满足很多珠峰登山队以及当地各个贸易团的需要。藏族商人牵着牦牛和驴子，满载货物，翻越崇山峻岭，来到集市交易。这些商人的冒险故事，我早就读过，不过难以置信罢了。今天，我不仅看到他们长途跋涉来到南吉巴札小镇，还看到他们在路上用手机交流市场行情。他们竟能在喜马拉雅山半山腰上用中国的通信网互通电话，可在英国很多地方居然连一个电信信号都没有，这让我感到惊讶。

离开伦敦前，我看过几篇报刊文章，其中一篇声称全球化已经结束。然而就在眼前，就在喜马拉雅山上，我看到人们正在使用最伟大的现代贸易工具，你若初次看到这些人，说不定还会以为他们是原始人。这里有力地证明了全球化是活跃和健在的。我不禁想到，我们很多人的目光是多么狭隘。

2001 年，我撰写过一篇高盛公司全球经济研究报告，探讨了世界主要经济体和若干新兴经济大国之间的关系。[1]

我认为，在未来几十年中，全球经济增长将会由四个人口众多且有经济雄心的国家来推动，它们分别是巴西（Brazil）、俄罗斯（Russia）、印度（India）和中国（China）。我也用这四国英文名称首字母造了一个新词，即“BRIC”（金砖四国）。

从那以后，金砖四国这一简单术语基本上决定了我大半生的事业。即便在当时，我已不再把这四个经济体当成传统的新兴市场看待了。十年后的今天，我更加迫切地希望全世界都相信，无论是现在还是将来，金砖四国以及其他后起之秀是世界经济的增长引擎。

2008 年 9 月信贷危机爆发后，很多人都在说，金砖四国的传奇故事恐怕要就此结束。我也不止一次有过这样的担心。信贷危机爆发后，金砖四国的股票市场应声下跌，跌幅超过发达国家，全球贸易似乎要遭受永久性的创伤了。不过，后来证明，这种担心是没有事实根据的。从某种程度上说，这恰恰是金砖四国理论真正成熟的标志。金砖四国不但战胜了世界经济地震，而且发展势头比以往任何时候都更加强劲。

我的研究报告在当时并没有立即引起轰动，大家对我的观点也不觉得蕴涵了特别深刻的意义。我在分析全球国内生产总值的基础上写道，当时的巴西、俄罗斯、印度、中国四国虽然只占世界 GDP 的 8%，但它们在世界经济中的份额在未来十年将会大幅增长。我注意到，中国的 GDP 已经超过意大利，意大利是七国集团这些超级经济大国中根基深厚的成员。中国将会在未来十年中逐一超过七国集团的多个成员。我预测，再过十年，金砖四国，特别是中国，在世界经济中的分量将会大大加重。世界必须加以重视。

我预测，在当时看似无望实则处于有利条件的巴西，其GDP将在2011年“接近意大利”。实际上，巴西2010年的GDP约为2.1万亿美元，已经赶超意大利，成为世界第七大经济体。

其他三个金砖国家同样取得了令人叹为观止的成就。例如，在2011年的头两个月，我们就了解到：中国GDP总量已超越日本，成为世界第二大经济体；印度一家名不见经传的廉价航空公司印地高航空（IndiGO）订购了180架空客A320s飞机，规模达到欧洲老牌航空公司易捷航空（easyJet）的2/3；俄罗斯成为欧洲最大的汽车销售市场。

金砖四国的表现全都超出了我在2001年的预期。这些最早的预期在当时某些人看来是耸人听闻的，但现在回过头来再看，似乎已经过于保守了。金砖四国的GDP总量从2001年的3万亿美元左右增长到11万亿~12万亿美元，翻了两番。世界经济自2001年翻了一番，其中有1/3的增量来自金砖四国。短短十年间，金砖四国GDP增长的总和是美国的两倍多，相当于再造一个日本和一个德国，或者相当于再造五个英国。

有观察人士称，金砖四国对世界经济的影响被夸大了，因为它们的经济增长主要依靠向发达国家出口以及大宗商品价格上涨的推动。出口确实对中国经济起到了重要作用，但2008年信贷危机爆发、美国等国消费需求随之下降后，中国对出口的依赖已经大大降低。对于印度，国内需求一直是其过去十年经济增长的主要动力。国内消费者和基础设施投资的增加，将逐渐成为金砖四国经济增长的重要动力。当然，美国信贷推动需求增长确实在金砖四国的经济发展中起到了作用，但从2008年以后，美国陷入困境，难以自拔，而金砖经济体却依然保持着快速增长的势头，这就足以说明金砖四国对世界经济的重要影响。

无论采取何种方法分析数据，金砖四国在全球经济增长中的重要性是毋庸置疑的。金砖四国的个人消费迅猛上涨。2001~2010年，中国国内消费增长了1.5万亿美元，大致相当于英国经济的规模。其他三国的消费增长也不相上下，甚至还要高一些。今天，金砖四国占世界贸易的比重将近20%，而在2001年，这一比例还不到10%。金砖四国之间的贸易增速更是远远超过了全球贸易的整体增速。

由于金砖四国的成功，很多其他国家自然而然就会为争当下一个金砖国家而使出浑身解数。我每次看到印度尼西亚的朋友，他们都会三番五次地暗示我，BRIC确实应该改为BRICI，墨西哥决策者也告诉我，BRIC应该改为BRICM，土耳其决策者则希望改为BRICT。

2003年，我在高盛公司的同事多米尼克·威尔逊（Dominic Wilson）和露帕·普鲁修撒曼（Roopa Purushothaman）发布后续研究报告《与金砖四国一起梦想：通往2050之路》（*Dreaming with BRICs: The Path to 2050*），将我之前的分析延伸到21世纪中叶。[2]他们在报告中写道，到2035年，中国将超越美国，成为世界最大的经济体；到2039年，金砖经济体GDP总量将超过七国集团。[⊖]

这份报告开始引起很多人的注意，不过在当时，人们大都认为这不切实际。但我们后来的研究表明，一切皆有可能，而

⊖ 此为高盛的分析与预测。

且中国的经济产量（即国内生产总值）最早可以在 2027 年达到美国水平，甚至还会更快一些。从 2001 年起，中国的 GDP 从 1.5 万亿美元增长到 6 万亿美元，翻了两番。从经济上讲，中国在过去十年中创造了三个新的中国。金砖四国的 GDP 总量很可能在 2020 年以前超过美国。

2005 年，我带领高盛公司团队研究继金砖四国苏醒后的下一批发展中国家。我们提出了“新钻 11 国”（Next Eleven，简称为 N-11）的概念，它们分别是孟加拉国、埃及、印度尼西亚、伊朗、韩国、墨西哥、尼日利亚、巴基斯坦、菲律宾、土耳其和越南。虽然我们认为 N-11 没有一个能够达到金砖四国任何一国的规模，但我们预测墨西哥和韩国有能力在世界经济中获得同金砖四国一样举足轻重的地位。[3]

N-11 的概念和金砖四国一样，认可速度之快、传播范围之广，大大超出我的意料。从投资人到全球决策者，很多人都在使用这一重要框架来分析全球经济变化。由于全球经济瞬息万变且变化巨大，这些框架比任何时候都更加有用。金砖四国与 N-11 虽然不能说明一切，但实践证明，它们是切合实际且经久不衰的模型，有助于我们正确认识世界经济与市场形势。

2011 年年初，我感到，“新兴市场”一词已不再适用于金砖四国以及印度尼西亚、韩国、墨西哥、土耳其这四个 N-11 国家了。现在，这些国家总体上都拥有良好的政府债务和赤字状况、强健的贸易网络和大量坚定不移努力提高自身经济状况的老百姓。投资人要想看懂这里的无限机遇，决策者要想把握世界变化，就不能再用传统的“新兴市场”来界定这些国家了。

我认为，“成长型市场”这个词也许更为贴切。

然而，这种简单划分法大受欢迎本身就是一个危险的警告。1977 年，我的经济学与金融学研究生学习即将结束时，导师建议我继续攻读经济学博士学位。他说，英国萨里大学（University of Surrey）能源经济学中心可以提供奖学金。我听从了导师的建议。后来证明，在英国萨里大学读博是我人生中一段快乐的时光。

1979 年，伊朗革命引发第二次石油危机。所以，把学到的货币经济学应用到石油输出国组织（OPEC）及其投资领域，似乎是非常有趣的事情。随后两年，我都在钻研油价、同业联盟[㊀]、国际资产配置等理论。我经常跟经济师同事开玩笑说，我读博时只学会了保持理智。我日复一日、年复一年，独自坐在电脑室或图书馆，努力寻找石油输出国组织应当如何投资其贸易顺差的确切答案。这项工作充满艰辛，但也使我认识到，经济学是一门社会科学，经济学中没有必然的事情。由群体智慧得出的结论通常不过是未经思考的大众舆论，是面临错综复杂时的高傲自负。

20 世纪 70 年代末 80 年代初，人们普遍认为原油价格会一直上涨。然而到了 80 年代中期，油价出现下跌。此后 20 年，油价基本上延续了这种跌势。即便是训练有素的经济师，在主流思维的作用下，也弄错了供需关系对油价上涨的反应。从短期来看，石油生产者与消费者没有对油价疯涨做出及时反应。但随着时间的拉长，他们的灵活程度远远高于经济学家，这与人们普遍认同的观点恰恰相反。我在后面还会继续讨论这一问

㊀ 同业联盟是指以控制产量、销售和防止相互竞争而组成的商业组织联合体。——译者注

题。这里事先提及，是为了说明某些经济师是如何一错再错的。大众舆论会产生令人窒息的力量。我们每个人都应当尽力辨别大众舆论，质问大众舆论。

科学技术把全球化推向震撼人心的新境地。随着经济国界的日益模糊，我们的经济模型也在力争与时俱进。近年来，不少国家的政治发生了翻天覆地的变化。第二次世界大战后，中国和俄罗斯由以前的关上国门，拒绝接受西方的思想和经济政策，到今天，中国13亿人口和俄罗斯1.4亿人口已可过上与西方人大体相同的生活，也可拥有很多相同的消费选择。虽然中俄两国的政治体制各有特色，但它们让人民增收致富的强烈愿望明显相同。

据报道，我从小就热衷的英国曼联足球俱乐部，其网站拥有7 000万中国注册用户。麦当劳把餐厅开遍了中国和俄罗斯各地。时装店在中俄两国持续增加。法国奢侈品公司路易威登（Louis Vuitton）在中国等金砖国家蓬勃发展。即使西方的路易威登店，也在向金砖国家的游客火热销售。

其实，现在很多法国学生“摇身一变”，就成了到香榭丽舍大街路易威登巴黎旗舰店购买手提包的游客了。路易威登老板告诉了我这是怎么回事。过去有一些中国人花钱请人去两天巴黎游，费用全包，但条件是游客必须买四个路易威登包回来，然后，他们再以高价卖到中国。路易威登发现后就采取每人限购一包的措施。为了绕开限制，某些中国游客现花上50美元在香榭丽舍大街找人代买。

鼓励外商直接投资，积极参与世界贸易，我认为，中国拥抱全球化的特殊决定促使了印度方面采取行动。印度经济增长固然有多方面的因素，但我相信，中国过去30年的成就向印度决策者证明了，即使不改变社会文化的基本结构，十几亿人照样可以大幅提高自己的生活水平。

金砖四国决定了要更多地参与到世界经济中来，转而也欢迎西方国家的宏观经济政策。无论是政府官员还是专家学者，突然之间都想学习、借鉴西方国家经济增长的经验教训。

以巴西为例，恶性通货膨胀使巴西经济遭受了数十年的严重破坏。巴西采取通货膨胀目标制、严格执行反通货膨胀措施后，的确令局面大为改观。与 1960 年的巴西相比，从 2000 年起，巴西已走上了截然不同的发展道路。

巴西、俄罗斯、印度和中国的崛起与持续成功震惊了很多人，本人也不例外。这一奇迹逐渐改变了这些国家成千上万人的生活，他们脱贫致富，有了新的理想追求，同时这也对我们每一个人产生越来越多的影响。金砖四国的概念、金砖经济的突飞猛进以及其他类似国家的锦绣前程就是我们这一代人的主要故事。

Contents
目录

修改这一词组。有的人只是在开玩笑，但很多人都是认真的。有人建议我改成“婴儿四国”（CRIB），因为这些国家的经济仍然处于起步阶段，也有人建议我去掉一个国家。把俄罗斯或巴西放在金砖国家里面合适吗？当然，把印度和中国纳入金砖国家是再明显不过的事情了。

金砖四国及其他人口大国已经成为重要的经济力量，这使我相信，世界经济将会越来越强盛、越来越健康，早在 2001 年和 2003 年，很多人对我们只挑选出 4 个快速增长的金砖经济体表示不解。这就促使我们认真研究其他国家的增长机会。于是，我们在 2005 年《金砖四国有多稳固》的研究报告中提出了“新钻 11 国”的概念，借此描述 11 个人口众多的新兴经济体，研究它们的增长潜力。这 11 个国家都是发展中国家，都拥有庞大的人口。如果这些国家充分参与到全球经济中来，那么就会表现出惊人的潜力。

几个世纪以来，人们只要想到地球人口越多、可供分配的资源越少，恐惧感就会油然而生。18 世纪，英国学者马尔萨斯在举世闻名的《人口论》中描绘了一幅形势严峻的图景。今天，很多人看到金砖四国的崛起后，会认为马尔萨斯的担忧变成了现实。如此多的新兴人口，如此大的食品需求、能源需求和消费品需求，势必要颠覆全球的资源供给。毋庸置疑，资源是金砖四国经济增长的关键，同时也是金砖四国与世界各国建立关系的关键。

第6章 消费 /119

很多金融市场方面的专家在研究金砖四国的时候，往往会把分析重心放在大宗商品上。金砖四国对大宗商品的需求固然强劲，但金砖四国的消费势力也正在崛起，这一点更值得关注。到2010年年底，金砖四国的消费总量为5万亿美元，虽然不到美国的一半，但差距即将缩小。到2020年，金砖四国的零售总额将超过美国。

第7章 新联盟展望 /137

金砖经济体和成长型市场的崛起，将大大改变这些国家同世界其他国家的关系。区域经济、政治关系必将发生深远变化。这种变化或许会对国家之间的历史关系形成考验，但如果决策层能以开放的眼光和积极的心态来看待建立新贸易关系等各种关系的潜在效益，那么就有可能出现新的、更强大的联盟。

第8章 世界新秩序 /159

早在2001年，我就认识到，统领世界经济的制度框架需要彻底重新构建。有些东西比国家自豪感和政治优越感更具危害性。倘若西方强国不肯接纳金砖四国，让其充分参与世界经济政策会议，我们就享受不到金砖国家经济增长的全部好处。如果我们真心希望更多的人摆脱贫困、步入中产阶级，如果我们真心希望推动贸易增长和财富创造，我们就有必要想方设法破除障碍，让商业自由流通。国际经济管理不再只是经济学家感兴趣的课题，它也是今日世界正常运转的核心要素，对我们每个人都有影响。

随着金砖四国占世界 GDP 的比重越来越大，金砖四国的资本市场必定会有所发展，国内外投资者投资金砖四国的机会也会随之增多。随着金砖四国投资阶层的扩大，金砖经济体的投资供给与全球投资需求都将发生变化。只要政府发展经济的愿望持续存在，投资者就有可能看到更多成熟的股票市场和信贷市场，就有可能看到更完善的法律法规。

我提出金砖四国之后，研究、分析、不同寻常的出差访问，以及追根究底的思想之旅，构成了我这十年的生活。我隐隐约约体会到了早期拓荒者和探险家的感受。在全球宏观经济领域，我站在时代的潮头，看到了一条令人振奋而截然不同的道路。这十年的历程就像一个故事，它的兴起与发展超出了我的最高预期。从我最初开始尝试思考金砖四国的潜力，到我现在提出成长型市场的概念，这十年的历程改变了我的思想。成长型国家的光明前景不仅对自己有利，更对我们每一个人有利。当我们经历经济版图的巨大变化时，我们有必要牢记这一点。

第1章

金砖四国的诞生

还是在我做演讲的两个月前，金砖四国这个想法就开始在我的头脑里浮现。两个月后，全美商业经济协会年会在纽约世界贸易中心万豪酒店召开，我在会上发表演讲，探讨“美元的前景”。演讲中，我谈了做外汇经济师的很多经历，但我压根儿没有提到金砖四国。其实，在当时的金砖经济体中，我密切关注的只有中国。两天后，我返回伦敦，往返于大西洋两岸的三天旅程让我深感疲惫。那时，我在高盛公司全球经济部担任联席主管。午后，我参加了一场音频/视频会议，同高盛公司在世界各地的高级经济师交换意见。这里，全球化得到了最充分的体现，纽约、东京、香港，各种各样的声音和观点喷涌而出，而身处伦敦的我也在踊跃发言。

那段时间，我经常想另一位联席主管加文·戴维斯（Gavyn Davies）即将离任的事。加文是全世界最受尊崇的经济师之一。当天，他提前离开会场，去英国广播公司参加总裁职位的最后一轮面谈。没过多久，加文回来说一架飞机撞向了双子塔。由于无法了解确切情况，我们继续开会。几分钟后，纽约的同事站起来离开了视频画面，未做任何解释。

曼哈顿下城[⊖]接下来发生的事情，想必大家都知道。在随后的几天，我收到很多电子邮件。有的来自前几天在纽约刚见过面的朋友和同事，有的来自在那天会上听过我演讲的人，有的则来自我不怎么认识的人，他们都在讲述那个可怕的上午人们如何逃离恐怖袭击的惊险故事。还有一些人虽然惊讶，但仍旧向我索要会上展示的图表资料，了解我对美元的看法。

音频/视频会议技术可以让我们与世界各地的同事轻松交谈，同样也可以向我们展现恐怖分子制造破坏的残酷现实。我们可以实时看到双子塔燃烧、倒塌的过程。先进的通信技术能把群体恐慌传到世界各地，这种即时性让人不寒而栗。很明显，恐怖分子也已深谙媒体的这种本质。

随着事业的稳步发展，我在脑海中渐渐形成了很多想法，而“9·11”事件，更是激发了我的这些想法。我不禁联想到了全球化的利与弊。我在想，有没有更好的方法可以思考全球经济增长，有没有一种可以超越国家和民族、放之四海而皆准的思路。

我感觉，全球化已经变成了美国化，但并不是世界每个国家都欢迎美国化。不过，只要人们撇开国家、文化或政治体制的顾虑，只考虑全球化本身，全球化的好处是显而易见的。倘若商品、服务、货币甚至政治影响力的交换与交流能够更加自由开放，那么就会给全人类带来更多的财富，而并非仅限于精英阶层。

⊖ 曼哈顿是一个狭长的小岛，从北到南分为上城、中城及下城。——译者注

后来几个星期，人们都在努力恢复正常的生活。加文接受了英国广播公司总裁之职，而我则需要独立承担起高盛公司全球经济部的领导责任。我感到无上光荣，更感到责任重大。在加文的带领下，全球经济部已然成为世界级的研究小组。团队成员严谨细致、一丝不苟，个个都被看做是分析经济大国特别是七国集团的顶尖高手。挑起他的重担，不辱全球经济部的盛誉，我何德何能？

下面的个人简历也许可以说明我忧心忡忡的原因。直至1995 年进入高盛公司以前，我都是个“爱闹的经济师”，常常把交易所的自由无序与古典经济理论混为一谈。我的专长是外汇交易。1982 年，我在英国萨里大学拿到博士学位后进入外汇交易领域。由于在读书期间借了不少钱，我需要找一份高薪工作，所以我来到伦敦金融城。由于没上过牛津、剑桥之类的名牌大学，英国那些传统的清算银行对我而言肯定是可望而不可即的。在那个年代，人们更看重名校的身份。最后，给予我工作的是美国银行。美国银行的名字很像英格兰银行——英国央银，让我误以为是美国联邦储备委员会在伦敦的分支机构，我承认那时的我有点憨厚。不过，美国银行确实给了我机会，我很感激。

在美国银行，经济分析的学术气很重，有时甚至到了荒谬的地步。我要分析的第一个国家是意大利。每个月我都要与旧金山总部的经济师开一次电话会议，讨论意大利货币里拉未来五年的前景。里拉非常不稳定，很多时候我们连当日交易点都无法确定，更何况未来五年。但几次会议后，我可以告诉你，有些人预测意大利即将违约，而且时间精确到分。当时，意大利债务与 GDP 之比超过 100%，与今天不相上下，但意大利磕磕绊绊，始终没有走到违约的边缘，这让我意识到，金融界到处都是眼高手低的人。

后来，我转到美国海丰银行（Marine Midland Bank）伦敦分行，1985 年，我又转到海丰银行纽约分行。我喜欢纽约。这里只看你能力是否突出，说话是否有理，其他无关紧要，这种能者为王的制度很合我意。到纽约后，我担任的职位是交易所经济师，主要时间都在与喧闹纷杂的外汇交易界打交道。我从一些最积极、最聪明的交易员那里学到了很多。

工作的其中一环包括守在电传机旁边接收电传。我可以看到最新消息，并加以分析。倘若德国联邦银行（德国央行）提高利率，这对美元/德国马克汇率会产生什么影响？交易员又该如何利用这条消息？我必须让我的正规训练与实际情况紧密结合起来。

这些外汇市场交易量和流动性的亲身经历使我认识到，外汇市场就像世界最大的果蔬店。每个人都知道任何时间里发生的任何事情，产品质量和价格都是公开透明的，毫无隐秘可言。你可以从星期日晚上 8 点开始进行欧元/美元兑换，一直到下周五晚上 10 点为止。再也没有其他这样的市场了。如果你想挣钱，就必须灵活变通，有时甚至与传统背道而驰。你必须问问自己，其他投资商有没有进场得太早或太晚。你必须时刻警告自己，不要盲目轻信大众舆论，因为在一个规模极大、流动性极强、海量信息充斥的市场中，只要情况稍有波动，你就很容易被判出局。

要想在外汇市场做到万无一失是非常困难的。这就是为何外汇市场往往会吸引高手的原因了。这类人时刻准备抓住高风险、高回报的机遇，他们可能大赚也可能大亏。只有他们敢于突破外汇交易的群体思维。（说到这一点，让我们快进到 2010 年的春天，我正在高盛公司投资总监会议上主持一场讨论。当时正值欧洲债务危机爆发，希腊受困，我问了这样一个问题："认为到今年年底欧元对美元走强的有哪些人?"两个人举手。我接着问："认为走弱的有哪些人?"其他人都举起了手。当然，到了年底，欧元要坚挺得多。这类经历成就了我如何以一个经济师的身份去思考和看懂这个世界。）

1988 年，我进入瑞士银行，在固定收益市场和股票市场部门工作。不到一年，我开始主管瑞士银行的全球研究组织。在这个过程中，我对股票有了一定的了解。我认识到，研究部门的主管工作，除了要管人，还要出些有意思的法子，供内外沟通交流。我周围有几个欧洲大陆的同事，他们似乎对欧洲货币联盟（EMU）这一概念非常感兴趣。可能是在他们的影响下，我开始思考债券市场的增长潜力，好为欧洲共同体服务。欧洲共同体是欧盟的旧称。

当时，统一货币的思想大体上仍然处于规划阶段，没有落到实处。不过我相信，统一过程势不可当，欧洲各国债券市场迟早要适应新的现实。实际上，从 1981 年起，用这种尚未采用的通用货币来计值的债券是可以购买到的。现在的欧元在当时被称为欧洲货币单位（ECU）。1990 年，我建立模型来跟踪 ECU 债券的交易情况。虽然模型极为简单，但却有助于瑞士银行在债券市场上建立可靠的品牌形象。

欧洲货币联盟这段研究经历是非常好的学习过程，它教我学会了关注大局。早在海丰银行供职的时候，我就已经充分了解了欧洲各大货币的情况。我认识的很多交易员都只专注于某几种货币的交易，如日元对里拉的交易。意大利货币波动频繁，这就意味着总有很多挣钱和亏钱的机会。很多交易员常因错失良机而落泪。欧元登场后，外汇交易界不得不把目光投向世界各地，寻找新的机遇。

说来也巧，1990年是我建立ECU债券模型的一年，也是我初次到中国的一年。从那以后，我每年至少要到中国来一次。我最早接触的是中国银行的外汇储备管理人员（其中有些人还成了我的好朋友）。我当初没有料到，那些早年的拜访为我提出金砖四国的概念做了准备，进而决定了我日后的职业生涯。

20世纪90年代初，认为美元必须走弱的经济师越来越多，我也秉持这一观点。我预测，美元对日元将会出现大幅度下跌。我认为，美元不贬值，美国就无法解决国际收支平衡问题。实践证明，我是正确的。而我对美元/日元的这种判断，很可能就是我在投资银行界和对冲基金界名气大增的原因。20世纪90年代中期，我以股东身份加入高盛公司，这里汇集了各大银行的顶级经济师。为了证明自己的价值，一到高盛，我就到处寻找点子。

我开始期待着经常到中国拜访。我每次来中国，都能看到变化。1997年亚洲金融危机，更是让我对中国刮目相看。危机中，亚洲多国货币价值暴跌。我认为，虽然亚洲很多国家的过度借贷是那次危机的核心原因，但同样重要的原因还有1995年中期日元由强转弱，特别是当日本将需要下大力气从资产泡沫破裂中恢复过来，利率将保持较低水平的消息开始明朗以后，日元在1996年、1997年两年大幅走弱。对于亚洲很多其他国家而言，由于它们的货币与美元挂钩，日元走弱就成了非常严重的问题。1973～1997 年，日元对美元从 400 日元上涨到 80 日元，亚洲很可能认为，日元将永远上涨下去。当日元从 1995 年中期开始走弱，就暴露了所有借入大量美元的亚洲国家和公司。在日元走强时，这些国家和公司的债务是可以控制的，甚至还可以缩减，因为它们可以向日本出口商品，用获得的日元来偿还美元债务；一旦日元走弱，用现金分期支付美元债务及其利息的成本就开始上升。另外，随着美元对日元上涨，这些国家出口商品的价格开始上涨，日本投资者对这些国家的兴趣随之下降。亚洲货币从泰铢开始出现暴跌。

倘若据此推断，那么这场危机就应该逐一击垮亚洲各国，最终导致中国大乱才对，但没有，中国表现出了一种我前所未见的精明和全球意识。中国似乎在想，为了防止危机扩散，中国必须采取全球观点，承担全球角色，而不是局限于内地。

由于问题的根源在于美元和日元的关系，所以中国政府给白宫打电话，告诉美国政府必须介入干预。如果美国不同意，中国就让自己的人民币贬值，这很可能会使危机进一步加深。支持日元意味着与美国支持强势美元的既定政策相违背，但美国时任总统克林顿和财政部部长鲍勃·鲁宾听取了中国的建议，开始购入日元。危机停止扩散，举措取得成效。这说明中国不但拥有经济头脑，而且政治力量也日渐成熟。有些人对美国干预所发挥的作用心存异议，认为是其他因素导致日元升值，才让亚洲危机缓和下来。但在我的书里，中国确实扮演了重要的全球角色，说服美国支持自己的立场。我本人对此印象深刻。

从那以后，我就开始思考世界经济结构是如何变化的，这对某些发展问题和政策问题的意义又是什么。我是一名专注于外汇市场的经济师，经历了五国集团到七国集团的变化，这些国家在全球经济政策中起到了决定性的作用。[1] 1985年，最早的“五国集团”——美国、日本、法国、原西德和英国——齐聚纽约广场酒店签署《广场协议》，同意干预货币市场，让美元对日元和德国马克贬值。1987年，五国集团加上加拿大和意大利组成七国集团，在巴黎卢浮宫共商对策，全力阻止两年前引发的美元下跌。这两件事对我的事业产生了重大影响，改变了我对市场和经济政策的看法。当时的世界经济政策无非是由少数几个国家的一小群人在豪华饭店和大博物馆里决定的。我成功地分析外汇市场的秘诀之一，就是“永远不要忽视七国集团”。七国集团如此强大，一旦它们下定决心，似乎就会马到成功。

欧洲建立货币联盟，多国货币融合统一，这时，我已经明白，七国集团的主导地位即将结束。德国、法国、意大利既然有了统一的货币政策和货币，那么分别出席七国集团会议还有什么意义？一个代表就足够了。另外，根据20世纪90年代末的经济增长模式（以及中国成功应对亚洲金融危机紧张局势的能力）来推断，进入新千年后不久，中国国内生产总值将会超过意大利，然后依次超过法国、英国和德国。

回过头来看，七国集团当时明显需要改革。于是，2008

年，美国带头复兴20国集团就具有了非同寻常的意义。不过之前，20国集团是个早已存在但行将消亡的组织，由19个重要国家和欧盟组成。[2]

2001年，我特别注意到，巴西、俄罗斯、印度、中国积极参与世界舞台的愿望似乎越来越强烈。无论这些国家过去发生了什么，那都过去了。全球化方兴未艾，它们都希望参与其中。互联网发挥了有目共睹的作用，促使企业把越来越多的工作外包给世界其他成本更低的地区。中国规模庞大，加之领导人热情欢迎西方发达国家的某些优势部分，中国自然成了第一选择的对象。另外，多年来，我到这些国家的次数越多，我与高级官员及其下属的交往越多，我就越意识到，他们对世界局势的了解和我一样丰富。倘若他们也能掌握西方人所拥有的技术和优势，那么他们定会取得举世瞩目的成就。

金砖四国之所以引人关注，还有其他方面的特殊经济因素。印度人口众多，很多人都讲英语，因而能够充分利用互联网，大力发展服务外包业。这个人口超过10亿的国家同样积极拥抱全球化，同样允许本国劳动力和产品进入全球市场。我认为，这会带领印度走向全新的时代。很多精明的印度商人会把国际企业引入印度，把印度的优势带向世界各地。

早在1997年，西方国家就曾邀请俄罗斯加入七国集团，积极鼓励俄罗斯朝自由市场和民主政治方向发展。到2001

年，七国集团领导人在某种程度上放弃了对俄罗斯的期望。普京取代叶利钦上台，减缓了俄罗斯迈向“资本主义”的进程，令西方大失所望。这种内心深处的思维定式，让今天某些西方观察人员很容易对俄罗斯产生怀疑。但我会在下文中谈到，俄罗斯仍然具有七国集团在 20 世纪 90 年代看到的经济实力和经济机遇。只不过，当俄罗斯加入七国集团变成八国集团时，俄罗斯展现经济力的方式可能和七国集团原本的预期不同。

把中国、印度和俄罗斯纳入金砖国家的缘由已经非常清楚，但我仍想从全球的角度，看看有无遗漏。我当时还真没有仔细想过拉丁美洲的情况。我只知道这里有两个人口大国：巴西和墨西哥。和亚洲金融危机中的中国一样，巴西近年来也已成为更加成熟的经济大国，因此把巴西纳入金砖国家的可能性似乎越来越大。大约同一时期，阿根廷解除本币与美元挂钩，发生违约，像大多数拉美国家一样，经济陷入困境。

种种迹象表明，巴西正在走上一条不同的道路，而且刻不容缓。巴西在 20 世纪 80 年代中期就是一个民主国家，但一直在争取稳定上苦苦挣扎。没有稳定的局面，经济就不可能实现重大发展。对于普通老百姓而言，物价极不稳定，根本无法预测任何商品的价值，日常生活本身就说明了很多问题。高盛公司内部有位巴西籍经济师，他对我说，在他十几岁的时候，巴西一天的通货膨胀就相当于今天一年的通货膨胀。我从业以来，巴西总共发行过六套不同的货币，这反映了巴西经济的混乱，严重阻碍了巴西的发展。单单 20 世纪 90 年代，巴西就经历了三次金融危机。多年来，巴西富人都抢在货币贬值前把钱转移到瑞士。

然而，到了 20 世纪 90 年代末，这一切都变了。巴西总统费尔南多·卡多佐率领新的政治领导班子，着手控制通货膨胀，改善巴西的财政状况。我深信，任何经济体要想持续发展，就必须控制通货膨胀。老百姓需要知道手里的钱能买多少东西。一旦老百姓对物价失去信心，就不会投资，也不会做任何事情来改善他们的未来。如果不能让老百姓感到他们挣的钱、存的款是有价值的，任何政治家都休想谈论可持续发展。凡是想步入发达世界的国家，如果我只给它们提一条政策建议的话，那就是采取通货膨胀目标制。1999 年，巴西再度经历经济危机后不久，迎来了机遇。巴西领导人一方面实行浮动汇率制，让巴西货币里尔迅速贬值，另一方面委派拥护通货膨胀目标制的阿米尼·弗拉加（Arminio Fraga）担任巴西央行新行长。巴西领导人把控制通货膨胀作为宏观经济政策的核心，至少表明他们立志要制止 20 年来的恶性通货膨胀循环，给巴西创造一个发挥潜力的良好机遇。

然而在很多因素尚不明朗的情况下，我就在 2001 年的研究报告中把巴西纳入金砖国家，这无疑是我下的最大的赌注，也是最大胆的赌注。后来，有人回过头来讨论我为何要在金砖四国中加入巴西，本着娱乐的精神，我忍不住说，巴西正好也培养了一批世界最好的足球运动员（足球始终是我长期热衷的话题）。

这样，我就顺理成章地建立了新的经济集团。同时，我意识到，这四个国家总人口有 28 亿左右，确实是现代经济得以建立的“金砖”，因此，用四国首字母组成的词语（RBIC）非常贴切准确。“9·11”事件促使我把各项观察结果整理成条理分明的格式。如果我可以贡献于那么一个世界，一个没有真正所谓“正确”的道路，没有所谓“认可”的领头国家——碍于我们共同接受了某些国际行为准则而互相包容的领头国家，那么这个世界就会是一个更加美好、更加安全的地方。

全球化不一定要美国化，世界各国都有机会用自己的特色来诠释全球化的内涵。然而即使在今天，仍然有不少美国人认为，让中国发展成为像美国一样的大国，就是在对抗美国所代表的一切。在2001年，这种态度尤为盛行。我想制止这种想法，让人们看到，全球化对每个人都有利。这就是2001年11月高盛全球经济研究报告的依据所在，也对我产生了深刻的影响。在本书中，我会着重讨论金砖四国如何取得出人意料的成就，金砖四国的行动如何启发并促使其他新兴国家融入全球经济，金砖四国如何帮助2008年危机后西方国家恢复经济的健康发展，以及金砖四国为何对我们每个人获得更好的经济前景至关重要。

第2章

从新兴到振兴

短短十年，变化无穷，但是，金砖四国原有的框架却几乎没有变化，这让人惊叹不已。我每次分析世界经济，任凭资讯铺天盖地，任凭报道天花乱坠，我始终都以扩大劳动力、提高生产力的好处为中心。2001 年，全球经济研究报告发布后，我开始研究分析这些主题，后来我和同事又在此基础上加以完善，但无论如何，金砖框架本身并没有变化。

金砖四国的成就甚至超出了我们最乐观的预期。因此，对于 2050 年的预测，我们先后进行了三次调整。2001 年研究报告发布后的十年间，金砖四国的 GDP 总量从 3 万亿美元增长到近 12 万亿美元，翻了两番。事后看来，我当初的预测还应该再大胆一些才对。

我在学习经济学基础知识时，就知道了人口和生产力与经济发展的关系，但当时我并没有完全明白这看似简单却十分重要的关系。对于金砖四国的影响力与日俱增，我将会在本章中展开我们对人口和生产力这两个因素的看法。

人口优势

不重视人口因素的人不止我一个。我常常听到欧洲商界、政界人士以嫉妒的口吻谈论美国增长对欧洲的影响，或以惊讶的眼光看待印度和中国的增长。这些增长在很大程度上都要归因于人口。采用人口特别是劳动人口长期趋势的准确估计，可以说是讨论金砖四国增长潜力的思想基础。

金砖四国拥有近30亿的人口，几乎占世界总人口的一半。因此，凡是有人说金砖四国将成为世界最大的经济体，都不值得大惊小怪。人口大国本来就应该成为经济大国。当然，人口大国如果要让人民的财富达到其他国家的水平，就需要大力发展经济。已故经济学家安格斯·麦迪森（Angus Maddison）是经济发展史分析方面的公认专家，他指出，在过去，中国和印度这两个人口最多的国家占世界GDP的比重远远高于现在。麦迪森在其别开生面的经济史分析中指出，公元10～15世纪，中国的经济规模和人均财富都占世界主导地位[1]。近代以前的几个世纪，印度也一直是主要的经济体。当时，中印两国的GDP总量经常超过全球的50%。

昔日辉煌为何不能再现？我认为完全有可能。

当然，这四个国家差别很大，不一定都能成功。中国和印度是两个极大的国家，人口都是美国的4倍多。假如中印两国劳动人口的平均生产力达到美国的水平，那么简单地说，两国的经济规模就会是美国的4倍多。巴西和俄罗斯的人口分别为1.8亿和1.4亿左右，远远少于中国和印度，即便如此，这也比欧洲任何一个国家的人口都多，甚至多于日本1.25亿左右的人口。单从人口的角度来看，金砖四国完全有能力成为经济大国。

20世纪70年代中期，我在大学读地理经济学时，美国大约有2亿人口。今天，美国人口达到3亿。单凭这一点，就足以说明美国经济增长高于欧洲的原因了。劳动人口越多，经济增长就越容易，除非劳动生产力极低（某些发展中国家可能会出现这种情况）。人口越多，生产越多，挣工资、拿收入的人也就越多，工资、收入是消费的基础。这就是经济生活中简单明了的一面，也是研究金砖四国必须考虑的一面。

生产力优势

经济增长的另一核心要素是生产力。在时间投入、材料投入一定的情况下，劳动者生产得越多，该国经济增长就越快。即使发达国家拥有更先进的技术、更好的基础设施和医疗条件，劳动者的生产力已经很高，欠发达国家若能充分发挥潜力，也有很多机会迎头赶上。

发展中国家提高生产力的机会远远多于发达国家。就是这么简单，可经济学界常常把问题搞复杂。国家的年轻劳动力在扩大，效率在提高，GDP自然而然就会有较大的增长。1980~2010年，美国经济超过欧洲的重要原因，就是美国劳动人口更多、劳动时间更长。美国人的生产率并没有高出多少，只不过美国工人更多，工作更勤奋罢了。再来看金砖四国，增长模式如出一辙，而且有过之无不及。

在2001年11月的研究报告中，我通过简单的推断指出，无论何种假设，到2010年，金砖四国的GDP总量占世界GDP的比重都将更大。我针对未来10年的发展状况提出了4种不同的假设，并证明了金砖四国的GDP总量占世界GDP的比重将会介于9%~14%，当然，后者的可能性更大。我当时很清楚，无论何种假设，金砖四国都将在全球决策中发挥更大的作用。这是那么明显，我还在纳闷怎么别人没看到。

很多人以为金砖四国的理论高深莫测，常常问我背后的思想。其实，我的想法非常基本，所以我总觉得他们的问题很有趣。四个人口大国逐渐提高生产力，以前所未有的方式与世界其他国家打交道。金砖四国倘若能够坚持下去，就必定会成为大国。这是显而易见的道理。

2003年，我的同事多米尼克·威尔逊和露帕·普鲁修撒曼发布后续研究报告《与金砖四国一起梦想：通往2050之路》，让金砖四国的概念深入人心。他们将2050年的金砖四国与当前的世界经济大国作比较，取得了非常好的效果。他们写道："在未来近40年中，如果一切顺利的话，金砖四国的经济总量将超过六国集团（按美元计算）。到2025年，金砖四国的经济总量将达到六国集团的一半以上。在当前的六国集团中，只有美国和日本在2050年仍能保持经济前六强的位置（按美元计算）。"他们看到，世界经济秩序将完全改变，这种看法极大地吸引了人们的注意力。

他们把2050年世界最大经济体的预测绘制成简图，其中中国名列第一，然后分别为美国、印度、日本、巴西、俄罗斯、英国、德国、法国和意大利。[1]人们从高盛网站下载此预

[1] 此为高盛的预测，读者可以从高盛网站下载预测简图。

测简图的次数是其他文件的10倍以上。预测简图开始出现在世界各地的企业策划报告中。两位作者的知名度大幅提升：多米尼克声名鹊起，露帕成了印度的超级明星，而我也由外汇员登上舞台中心，频繁畅谈世界经济发展。

《与金砖四国一起梦想：通往2050之路》将GDP增长分成三个部分，即就业增长、股本增长和技术进步。就业增长主要取决于劳动适龄人口的增长；股本增长也就是可用于投资的累积资本的增长；技术进步是衡量生产力的指标之一。换算成名义美元GDP后，最终决定GDP增长的重要因素是持续升值的货币（扣除通货膨胀影响，按实值计算）。研究报告采用我在1995年建立的“高盛动态均衡汇率模型”（GSDEER）来阐释货币动态。该模型从基本层面假定货币强弱将反映货币的相对购买力和相对生产力。我发现，动态均衡汇率模型可以很好地解释20世纪八九十年代日元的升值。假如金砖四国具备生产力，那么该模型几乎同样适用于金砖四国的未来。今天，印度中等收入劳动者的经济实力仍然无法达到美国中等收入劳动者的水平。不过，印度在发展，这些差距将逐渐缩小。届时，印度人用卢比购买的产品和服务将与美国同等劳动者大致相当。

为了预测远在2050年的情况，我们并没有只依靠过去来推测未来。我们想办法建立动态模型，反映金砖四国在发展过程中经历的各种变化。我们采用联合国的长期预测来估算劳动人口的年龄和数量。这让我们得以预测那些能用工资购买产品和服务、购买房子、救助贫困老幼的工薪阶层的人口数量。该模型表明，四个金砖国家将遵循不同的发展模式。俄罗斯人口老龄化、生育率低，似乎和日本、意大利一样形势暗淡。中国目前的人口状况则相当于欧洲其他的发达国家。相比之下，巴西，特别是印度的人口形势似乎十分乐观。到2050年年底，两国的劳动人口将会呈现巨大的优势，使两国的增长速度超过中国或俄罗斯。

有些观察人员常常纠缠于中国和俄罗斯不甚乐观的人口面貌，最后很容易得出两国经济前景不容乐观的结论。这些论调没有看到某些重要和非常基础的因素，我会在第3章中详细讨论。中俄两国在过去30年中都发生了巨大的变化，两国摆脱了僵化死板的制度，解放了劳动力，在全球化的世界里迎接挑战，把握机遇。特别是中国，我们不能只看到其人口众多的一面，还必须看到其生活方式的变化，尤其要注意农村人口大量涌入城市的现象。我们看到，中国城市化的规模是史无前例的，对经济发展的促进作用至少可与英国的工业革命相提并论。

金砖四国具有不同的人口结构，因而增长预期各不相同。金砖各国劳动人口的状况和数量会随时间和增长率的变化而变化，加上生产力收敛速度的预期，我们最后得出了以10年为单位的增长概况。金砖各国无须保持过去10年的增长水平，就能很快从总体上超过七国集团。金砖各国只要以相对普通的预期GDP增长率增长，经济总量就能在2020年年底前超过美国。中国在2000～2010年的年均增长率超过10%。在未来若干年内，中国这种高增长率不太可能保持下去，但中国GDP每年只需增长7%～8%，就能在2027年赶上

美国。[一]

人口老龄化、生育率低的国家往往会成为实际 GDP 增长最慢的国家。日本以及欧洲大陆较大的国家都在逐渐呈现这一趋势。在 2050 年之前的几十年中，七国集团中很多国家都会出现人口老化，进而带来巨大的社会问题，这都需要它们作出某种程度上的改变：减少国家养老金，增加工作时间，延长退休年龄。2008 年全球次贷危机以来，这些发达国家的财政状况变得脆弱不堪，改变的需要就更加迫切了。国际货币基金组织公布了若干优秀举措，旨在帮助 20 国集团中的很多发达国家来解决这些问题。鉴于人口老龄化和医疗保健的成本，各国政府在危机后似乎都在严格控制复苏经济的支出。毋庸置疑，这些问题迟早也会影响到金砖四国，只不过不是在近期，这也是我们相信金砖四国增长潜力的又一原因。

当然，金砖四国之间也存在着极大的差异。我们预测，巴西、中国和印度的劳动力持续增加，将会对经济增长产生重要作用；俄罗斯的劳动力逐渐下降，将会对经济增长产生不利的影响。

图 2-1 选自 2003 年全球经济研究报告。该图用比赛来形容 GDP 增长，并显示金砖四国将在何时有望取胜，该国用赛车来说明金砖四国 GDP 分别超过和从总体上超过六国集团的时间。

[一] 此为高盛的分析和预测。

我们预测，中国将很快超过德国，然后超过日本，并最终在2039年超过美国。印度将在30年内成为世界第三大经济体。到2050年，目前六国集团中只有美国和日本仍能保持经济前六强的位置。其他四强将是金砖四国。我们写到，金砖四国GDP总量最早将在2040年超过目前的六国集团。在此预期下，当今世界的经济社会秩序将难以为继。

只不过金砖四国的表现大大超出了赛车图的预期。也许我们没有用对车，也许我们没有给车加满油。

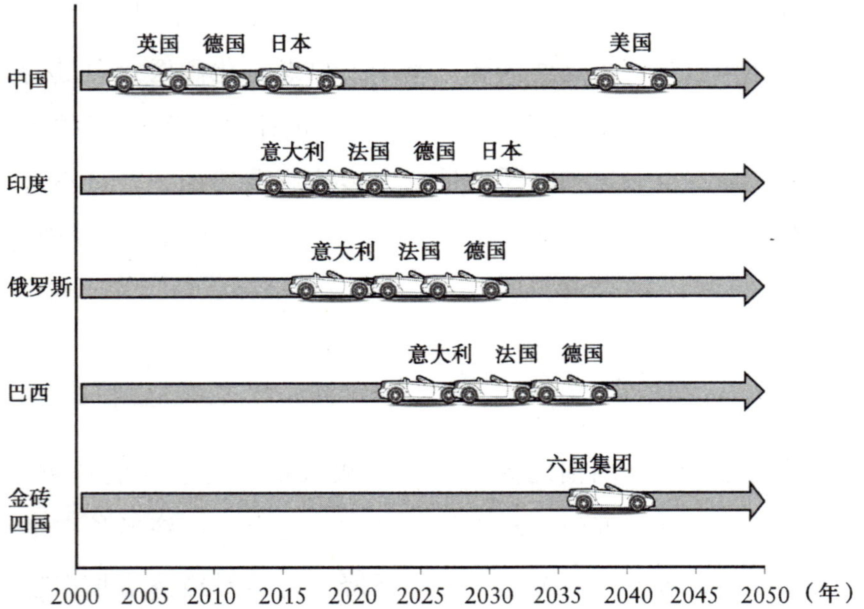

图2-1 金砖四国美元GDP超过六国集团的时间

说明：图中汽车表示金砖四国GDP超过六国集团GDP的时间。

资料来源：Dominic Wilson and Roopa Purushothaman, "Dreaming with BRICs: The Path to 2050", Goldman Sachs Global Economics Paper No. 99, October 2003.

当然，过去肯定有很多对现在的预测，于是我们决定回到过去看看。如果有人做过用过去数据来预测现在的作业，那么他们大概也会得出类似的结论。从1960年看，未来的前景是怎样的？我们将自己的方法应用到11个发达及发展中国家或地区（美国、英国、原西德、法国、意大利、日本、巴西、阿根廷、印度、韩国和中国香港）。我们采用当时可用的数据，从1960年开始，预测未来40年中这些国家或地区的GDP增长。我们看到结果，大受鼓舞。总体而言，通过模型预测的增长率与实际情况惊人地相似。该模型对发达国家的预测非常准确，但低估了韩国、中国香港和日本的增长，高估了印度、巴西、阿根廷等国的增长，因为印度、巴西、阿根廷等国制定了不利于经济发展的政策。那些变大变强的经济体不但拥有日益增多的人口，还拥有快速提高的生产力。那些不够强大的经济体虽然拥有庞大的人口优势，但仍在提高生产力的道路上拼搏挣扎。

在倒推预测中，我们必须思考经济增长的各种条件，这有助于我们拓宽分析思路。为何有些国家或地区达到了提高生产力的目的，有些却没有？我们觉得，金砖四国要想按照我们预测的道路实现增长，就需要具备以下关键要素：第一，稳定的宏观经济背景，特别是要制定稳健的宏观经济政策来保持较低的通货膨胀水平和良好的公共财政秩序；第二，强大而稳定的政治体制；第三，对贸易和外国直接投资的开放；第四，对现代技术的适应；第五，较高的教育水平。

在预测模型中，最主要的影响因素有：①金砖四国追赶发达国家生产力水平的速度；②金砖四国的投资率；③人口结构。我们承认，预测如此遥远的未来必然要夹带各种各样的风险。任何政策不当或运气欠佳，都会使我们的预测谬以千里，失去意义。不过总的来说，我们认为，我们的预测得出了不少重要的结论。我们预测到，金砖四国的经济增长将弥补今天发达经济体的衰退和减慢，全球经济将重新达到新的平衡。我们看到，金砖四国对投资资本有着巨大的需求，世界投资模式将随之改变；金砖四国有着庞大的储蓄资源，这又明显意味着资本市场无处不在。我们相信，日益增长的收入将会改变消费模式，最终加速各行各业的发展，这反过来又会改变对大宗商品的需求。全球企业都将从金砖四国消费者的增长中获得巨大的利益，但它们也会面临全新的战略选择：是投资 GDP 总量最大的国家，还是投资人均 GDP 最大的国家，或者说是投资最大的国家，还是投资最富的国家。当然，金砖四国还会产生区域性的影响。随着金砖四国的崛起、地缘政治影响力的逐渐增加，金砖邻国必然会从中获利。

在报告的最后，我们向读者提出挑战："你准备好了吗？"也许这一问题就是未来即将发生重大变化的最佳总结。

增长环境分数

2005 年，我和多米尼克、露帕及另外一位同事安娜·斯图普尼特斯卡（Anna Stupnytska）再度撰写金砖四国的进展报告。我们提出"增长环境分数"（GES）衡量法，进一步认识并衡量了金砖四国的增长前景。我们以世界银行世界发展指数数据库为主要依据，对 13 个指标中的 10 个指标进行评分。评分体系并非完美无缺，但却给出了合理的方法，使我们能够预测一个国家赶上发达国家收入水平的可能性。我们认为，这种方法能让我们真正客观地预测未来的道路。

经济学家认为，提高生产力是保持增长、改善福利的关键。只不过，大家都不知道提高生产力的方法是什么。如果生产力的提高轻而易举，那么经济增长的预测、实现和保持就会更加容易。无论是发达国家还是发展中国家，很多国家都有可能成为与美国不相上下的经济大国。

增长环境分数指数由 13 个参数组成，其中 5 个参数在本质上属于宏观经济层面，另外 8 个参数属于微观经济层面（见表 2-1）。我们只采用简单平均法求出分数值，没有给变量添加权重系数。为了使结果更加准确，我们应该对每个变量进行经济测试，评估其对生产力的影响，从而算出加权系数。（加权系数究竟能否对分数结果造成巨大影响仍然有待讨论。）

表 2-1　增长环境分数指数

增长环境分数指数	
宏观经济层面	微观经济层面
通货膨胀	移动电话使用率
政府赤字	互联网使用率
投资性支出	电脑使用率
外债	预期寿命
开放度	教育水平
	法治建设
	反腐力度
	政治稳定性

教育也许是推动劳动人口生产力提高的最重要因素。在评分时，我们最初只计算青少年接受中等教育的平均年数。从 2007 年起，我们开始采用更加准确的衡量方法，即中学纯入学率，也就是达到正式入学年龄的儿童进入中学学习的比例。我们确定其为自己的标准，从而使结果简单明了、准确可靠、具有可比性。这种衡量方法适用于多个国家，可以合理预测经济成功与否。对于金砖四国而言，巴西、中国和俄罗斯的基础教育要比印度成功。

新技术应用和提高教育水平一样，也能快速提高生产力。在增长环境分数指数中，我们衡量了电话或手机、个人电脑和互联网的使用情况。这三个指标都很重要，但对于发展中国家来说，手机的使用也许最为重要。据世界银行估计，手机普及率每提高 10%，发展中国家的人均 GDP 就会增长 0.7%，而且，手机银行可以让国家直接跳过各个发展阶段，不必建设拥有多个干道分行的零售银行系统。

政府是国家提高生产力的又一显著因素。政府提供经济增长的正确框架、配套制度和激励措施。凡是生产力水平落后、经济增长率低的国家，领导人大都喜欢标新立异。稳定性、公信力、法治、廉洁同样也是经济增长的关键。

同样重要的还有宏观经济因素。保持较低而稳定的通货膨胀水平，对于生产力的提高是至关重要的。假如未来前景不明确，企业就不愿意冒险做规划。倘若政府把整体支出控制在可负担的水平上，并保持较低的债务，那么这些经济体往往能够保持较高的生产力。另外，国际贸易的参与程度也是影响经济增长的重要因素。

经典国际发展理论表明，国家随着发展会提高生产力，向更发达的国家靠拢。在国际资本流动特别是外国直接投资的帮助下，很多国家愿意改用或照搬最优方法，愿意引进发达国家的高标准。从这个意义上讲，这些国家提高生产力的能力随之上升。当然，不同国家适应潜在生产力的速度也不同，这取决于很多因素。因此，我们想用增长环境分数来表现这些因素，分数范围为 1～10 分。得分越高，该国的生产力也越高。想预测经济而不考虑这些社会因素，无异于在纯理论经济学中闭门造车。

2005 年，中国的增长环境分数在金砖四国中位列第一，其次为俄罗斯、巴西和印度。中国在宏观经济的稳定性、对贸易和教育的开放性方面表现最好，但在反腐和技术应用方面还需努力。巴西在教育和政府赤字方面表现欠佳，但在政治稳定性和预期寿命方面表现较好。俄罗斯的主要弱点是政治稳定性、反腐和通货膨胀。印度在法治方面做得不错，但在教育、技术应用、财政状况和开放程度方面表现不佳。在 2010 年，巴西的增长环境分数最高，为 5.5 分，中国位列第二，为 5.4 分，俄罗斯为 4.8 分，印度差距较大，仅得 4.0 分。各个金砖国家都需要提高自己的增长环境分数，否则就无法充分发挥自己的潜能。这一点我将会在第 3 章中讨论。韩国在 2010 年的增长环境分数为 7.6 分，高于七国集团中除加拿大以外的所有国家，因此，韩国是个很好的参考标准。如果每个金砖国家都能在未来 10 ~ 20 年中取得相对较高的增长环境分数，我相信金砖经济体一定会变得更强大、更富有。

实践证明，增长环境分数是极为有用的衡量方法。我们目前用这种方法计算出了 180 个国家的分数，这些分数在我们思考 N-11 成长型经济体时起到举足轻重的作用。N-11 的概念是我们在 2005 年提出的，我将会在下文详细讨论。

上面充分阐释了我们预测金砖四国的详细过程。现在回过头来看，只可惜我们当时没有更大胆一些。

2001 ~ 2010 年，金砖经济体的 GDP 增长迅猛，大大出乎了我的意料，甚至超出我当时最乐观的预期。不但如此，金砖国家的国民财富同样表现出异乎寻常的增长，数亿人口脱离贫困。金砖国家的人均GDP在总体上增加了两倍，足见个人财富增长之迅猛。

在这十年中，中国自始至终都是最大的金砖国家。其次就是让我们惊讶的巴西，至少以货币而论确实如此。将巴西纳入金砖国家是我最大的冒险，但到2010年时，巴西的GDP达到2.1万亿美元，超过意大利，成为世界第七大经济体。我从未料到巴西会以如此快的速度发展成为如此大的经济体。我们当时在赛车图中判断，巴西要到2020年才能达到这一阶段。另外，无论是名义GDP增长率还是实际GDP增长率，印度和俄罗斯都超出了我的预测（见图2-2）。

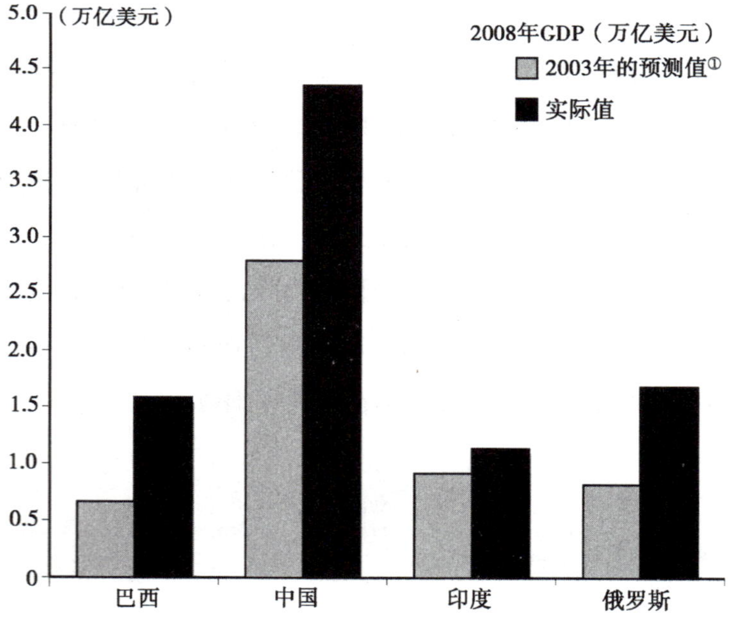

图2-2　金砖四国经济增长超出预期

①经GDP消胀指数修正。

资料来源：Goldman Sachs Global ECS Research.

有些评论人员称，这些观察结果高估了金砖四国经济增长的影响力。他们认为，金砖四国取得经济增长的原因在于一系列不可思议、不可重复的特殊因素：出口的快速增长、大宗商品的繁荣以及不可持续的美国需求。但是，如果从需求角度而非 GDP 角度来看待这些数据，且略去出口因素的话，那么金砖四国的经济增长就会显得更加强劲。诚然，在过去十年中，中国的出口取得了显著的成就，但这只是一方面而已。更重要的是，中国的消费者正在崛起。即使中国官方的保守数据都在表明，中国的个人消费从 2001 年到 2011 年增长了 1.5 万亿美元，相当于再造一个英国。中国不再仅仅是一个廉价劳动力的国家，中国人民的收入水平和消费水平都在迅速提高。

2010 年世界最大的经济体如图 2-3 所示，2050 年世界最大的经济体如图 2-4 所示。

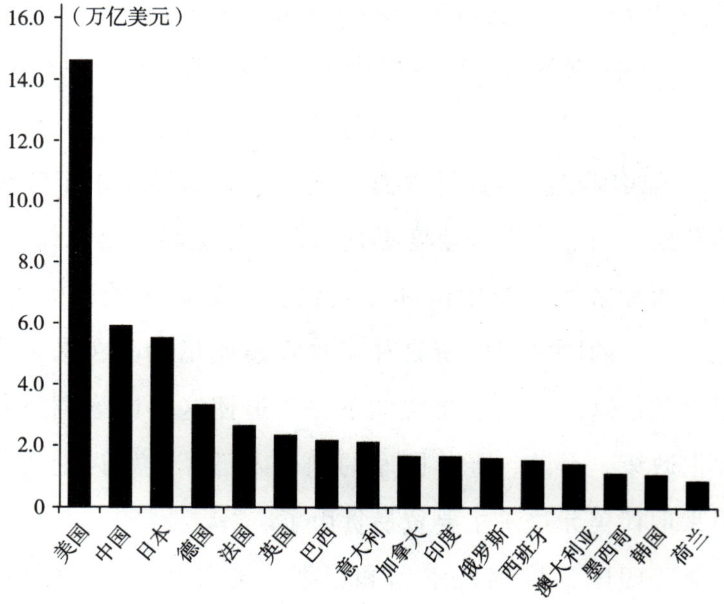

图 2-3 2010 年世界最大的经济体

资料来源：International Monetary Fund, *World Economic Outlook* 2010.

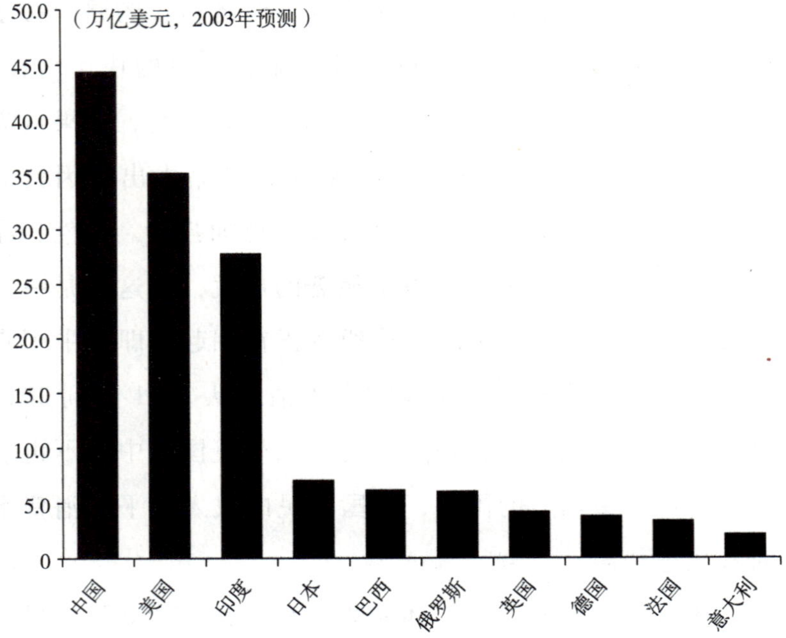

图 2-4　2050 年世界最大的经济体

资料来源：Dominic Wilson and Roopa Purushothaman, "Dreaming with BRICs: The Path to 2050", Goldman Sachs Global Economics Paper No. 99, October 2003.

金砖四国在世界贸易方面发展迅速，同样超出了我们最初的预期。当然，发展速度更是远远高于世界贸易总体水平。由于巴西和俄罗斯向中国和印度供应了如此多的大宗商品，因此，金砖四国之间的贸易往来也在急剧增加。在未来十年甚至更久，这一模式还将继续下去，迫使这些国家调整它们的外汇政策。目前，金砖国家的领导人已经开始讨论用其他货币来取代美元这一主要贸易货币了。

金砖四国，特别是中国和巴西，对外国直接投资有着强大的吸引力。不但如此，金砖四国还在大量积累外汇储备。截至 2011 年中期，中国一国就持有 3 万亿美元的外汇储备，几乎相当于自身GDP的一半，远远高于世界任何国家。

把这几张图表放在一起，我们不难看到，金砖四国的表现远远超出我们的预期，金砖四国将在全球经济中发挥越来越重要的作用。但要就此认为金砖四国的增长情况完全相同，那就错了。每个国家都有自己的发展道路，都要面临独特的困境和机遇，都有自己的雄心和动力，也都会在每个发展阶段受到不理解甚至惧怕其崛起的其他国家的攻击。

第3章 金砖各国

自从我提出“金砖四国”（BRIC）后，就经常有人建议我修改这一词组。有的人只是在开玩笑，但很多人都是认真的。有人建议我改成“婴儿四国”（CRIB），因为这些国家的经济仍然处于起步阶段，也有人建议我去掉一个国家。把俄罗斯或巴西放在金砖国家里面合适吗？当然，把印度和中国纳入金砖国家是再明显不过的事情了。可即便如此，多年来，我在几次大的经济波动中，有时候也会怀疑我对中印两国的展望到底能不能实现。我不时会想，有一天早晨，我从睡梦中醒来，美国证券交易委员会过来恐吓我，说我胆敢预测中国会成为世界最大的经济体。不过，这些经历都是进行大型、长期预测的真实写照。一路上磕磕绊绊在所难免。

由于金砖四国会达到不同的发展阶段，因此我们建立的模型能适应不同的增长速度。毕竟，GDP 只是个提纲挈领的数据。经济增长的很多方面，特别是质量方面，都无法在 GDP 中体现出来。例如，很多人在观察 2011 年的中国时，会把中国同 20 世纪 90 年代的日本相比较。从总体上看，两国确实有很多相似之处。当时，很多人都在说，日本超越美国成为世界最大的经济体只是时间问题。然而事与愿违，日本投资泡沫破裂，房地产价值直线下跌。另外，出生率低、不接纳移民，都使日本人口陷于停滞局面。没有人能够力挽狂澜，重振日本经济。

今天，我们看到中国某些资产价值在快速增长，我们听到人们在谈论中国与20世纪90年代的日本不同，中国仍然有很大的增长余地：数亿人口还处于经济转型的过程中，城市化也几乎只完成了一半，所有这些人都还未真正成为富有的消费者。同20世纪六七十年代的日本相比，那时日本仍有提高生产力的巨大机遇。虽然笼统的数据让某些分析人士把2011年的中国同1990年的日本相比较，但深入挖掘，我们就会发现，两者存在巨大的差异。

中国和其他金砖国家离放慢脚步、把增长率停留在西方国家成熟稳定的2.5%左右还有很长的路要走。在我们的金砖四国2050年经济增长模型中，中国的平均增长率为5.5%，但在最后10年中，增长率会降到3.5%。我们知道，随着国家的发展和人口的稳定，经济增长率自然就会随之下降。金砖四国也不例外。只不过，这要等很多年之后才会出现。

当然，金砖四国的总体数据只是解开谜题的第一步。要想全面了解金砖四国的详细情况，就有必要逐一探讨金砖各国，而这也就是本章的具体内容。

巴西

我第一次到巴西是在2003年，是去做演讲、讨论金砖四国之梦。就在开讲之际，邀请人低声对我说："你把巴西放到金砖国家里面，无非是想造一个好听的词组吧。"就连巴西人也不相信，这遥遥无期的经济梦想竟有机会变成现实。

既然预期如此低迷，我从巴西回国后，就决定购买一些巴西里拉。大约三个月后，我把它们卖了。但我判断错了，因为在过去六年中，里拉一直是昂然坚挺的货币。假如我在20世纪80年代对那群在一块儿的外汇交易员说，在这十年中，最坚挺的货币之一就是巴西里拉，那么他们肯定会嘲笑我。但是后来，事实确实如此。

今天，巴西在外国直接投资方面是最受欢迎的金砖国家，我也常常应邀到圣保罗和里约热内卢出席各类论坛，并发表演讲。从全球性的私募股权投资公司到对冲基金，名目繁多的投资者都在为收购巴西资产争得你死我活。我常常到日本拜访，见过日本各类零售银行的代表，他们告诉我，常被泛称为"渡边太太"的日本家庭主妇一改往日保守本色，兴冲冲地把钱投资在里拉上。这种情况持续了好几年。不久前，我见到南非某银行行长，他说他正在考虑投资一家巴西的银行。现在，全世界都看到，巴西从恶性通胀的烂摊子变成了21世纪潜在的拉美大国，巴西的经济转型已经初见成效。

正如中国在1997年亚洲金融危机中证明了自己的成熟一样，巴西在2008年的全球金融危机中展现了自己的果敢。要是在过去，巴西一定会处于风口浪尖，汇率、利率、通货膨胀率无不东倒西歪，乱作一团，但这一次，巴西并没有向危机低头。相反，巴西先后降低汇率、利率和通货膨胀率，从容战胜困难，使经济快速恢复正常。巴西在上一个10年中的稳定政策，让巴西领导人得以实施扩张性政策，而与此同时，其他国家则身陷困局，走投无路。发展中国家，特别是巴西，能够做到这一点，几乎是前所未有的壮举。2008 ~ 2009 年，正当世界很多国家饱受危机之困时，我们看到巴西赫然独立，发展迅猛，这让很多人大吃一惊，也让巴西备受市场追捧。

不过，备受追捧自有其代价。近来，我确实在担心，巴西说不定也会染上“荷兰病”[㊀]。巴西具有丰富的大宗商品财富，加上利率走高，巴西货币上涨得过快过高，这将可能严重损害巴西的制造业，打击经济。有很多巴西投资者来伦敦办公室看我，他们对我说，伦敦的物价很便宜。这种几乎闻所未闻的现象，恰恰反映了里拉的走强。在 2011 年中期，巴西几乎是金砖四国中币值高估最严重的国家。从长远来看，我对巴西仍然秉持高度乐观的态度，毕竟巴西经济在失败了几十年后，于近期取得了一系列的成功，我们没有理由不满怀希望。但从短期来看，我怀疑里拉走强迟早要出问题。

我在前面已经说过，把巴西纳入金砖四国绝非自然而然的决定。我没有必要去找一个拉美国家往金砖四国里凑数。

㊀ “荷兰病”是指一国特别是指中小国家经济的某一初级产品部门异常繁荣而导致其他部门衰落的现象。20 世纪 50 年代，已是制成品出口主要国家的荷兰发现大量石油和天然气，荷兰政府大力发展石油、天然气业，出口剧增，国际收支出现顺差，经济显现繁荣景象。可是，蓬勃发展的天然气业却严重打击了荷兰的农业和其他工业部门，削弱了出口行业的国际竞争力，到 20 世纪 80 年代初期，荷兰遭受到通货膨胀上升、制成品出口下降、收入增长率降低、失业率增加的困扰，这种资源产业在“繁荣”时期价格膨胀是以牺牲其他行业为代价的现象，国际上称之为“荷兰病”。——译者注

但是，巴西人口超过1.8亿，而且政府决定实施通货膨胀目标制，这就使巴西脱颖而出。不过，很多人心存疑虑，不以为然。有些人，包括某些巴西人，甚至恳求我不要把巴西纳入金砖四国。在2003年的研究报告中，我们预测了金砖四国通往2050年的道路，其中，我们用很大的独立篇幅论述了巴西不同于俄罗斯、印度和中国，必须区别对待的原因和条件。

高盛公司有位巴西籍的经济师叫保罗·莱米（Paulo Leme），他说出了很多人关心的问题。深刻的历史原因不得不让保罗为祖国担忧。毕竟，巴西总是“未来的国家”，可望而不可即。巴西幅员辽阔，资源丰富，处处透露着经济潜能。在20世纪的大多数时间里，巴西是世界发展最快的国家之一，吸引了数百万的移民。20世纪50年代，外商投资蜂拥而至，跨国公司纷纷在巴西设立办事处。60年代，人们预测，巴西和阿根廷即将成为世界最大的经济体。然而，通货膨胀以及高度集权、平庸无能的政治班子扼杀了这一美梦。民主政治与军事独裁频繁交替，经济增长大起大落，这些接连不断的政治经济危机使巴西陷入困局。当然，政府部门肯定会把话题转向外商投资稳居高位、巴西足球队大获成功等事情，嘴里说着巴西的各种好。巴西有着世界最长的桥梁和世界最大的水电站，但这些自吹自擂丝毫不能掩饰这一点：巴西几乎从未实现过稳定局面，因而无法取得重大的经济进展。巴西的经济增长不均匀，分配制度不平等。农村和城市贫困人口的生活条件急需改善。我从业以来，巴西一共发行过四套不同的货币，这反映了巴西经济发展很不稳定。对于普通人而言，失控的通货膨胀让人们的日常生活饱受其苦。

从1950年起，巴西年均增长率为5.3%，但在1995～

2005年，巴西增长率下降到2.9%。这是因为巴西在进行痛苦的经济调整，结果彻底改变了巴西的经济命运。单单是20世纪90年代，巴西就经历了三次金融危机。但巴西有一批重要的政治家和经济学家，特别是90年代中期上任的费尔南多·卡多佐总统，他们认为恶性通货膨胀是巴西的祸根，决定要对抗通货膨胀。几十年来，巴西一直依赖于外部筹资，但巴西最终把目标放在了稳定货币的艰巨任务上。巴西政府严厉削减成本，减少基础设施投资，降低巴西的资本存量。最后，巴西成功控制了通货膨胀。不过，宏观稳定计划需要假以时日才能发挥效益，促进经济增长。我们在2003年时讨论道，巴西在很多方面仍需进行重大改革，例如开放贸易、降低债务与GDP比率、允许私有企业进入债务市场、提高投资和储蓄率等。我们认为，没有这些，巴西的表现恐怕不如其他金砖国家。一如我们在2003年时写道，若不进行深层结构改革，我们对巴西的预期会显得过于乐观。

在其他方面，巴西都有着极大的吸引力，巴西的文化、巴西的体育、巴西的资源，莫不如此。巴西总是一个很容易让人喜欢上的国家。只要巴西经济好转，全世界都做好了拥抱的准备。巴西成长为经济大国的速度远远超出了我们在2001年和2003年时的预见，至少以美元计算是如此。虽然这主要归功于里拉对美元及很多其他货币的明显走强，但这也是对增长率稳步提高的认可。巴西经济在2010年年底达到2.1万亿美元，远远早于我们的预期。在2050年的预期中，我们认为金砖四国的货币会有一些实际的升值，但不会达到这样的程度。里拉在2011年存在币值高估的危险，这又会带来自身的风险，特别是会增加重要出口产品的成本。另外，里拉还有随时出现大幅度、无规律回落的风险。巴西经济要想更具有可持续性，就有必要在未来几年内扭转里拉的上涨势头。

重新回到宏观层面后，我们看到，巴西经济的基本事实极为壮观。巴西有着世界第五多的人口，而且处于年轻和成长状态。美国的经济增长已经显示，持续增长的年轻人口可以带来繁荣强盛的经济增长。2050 年的预测表明，巴西还有很大的潜力。巴西有能力成为近十万亿美元的经济体，大约比今天的规模大 5 倍。从相对的角度讲，巴西虽然不可能达到美国的水平，当然也不可能达到中国的规模，但是具备超越德国和日本的潜力。虽然目前巴西是第二大金砖国家，但印度人口极多，单凭这一点，就完全有可能在未来十年的某个阶段超过巴西。但如果巴西能够在现有道路上继续发展 10～15 年，那么巴西的人口就很有可能转化为真正的 GDP 增长，从而让巴西的经济潜能得到充分的发挥。

巴西的另一重大变化是政治文化的变迁。很多人担心，劳工党主席路易斯·席尔瓦（Luiz Inácio Lula da Silva）于 2003 年担任总统后，会改变前任总统的经济政策。很多人害怕他是个左翼狂热分子，为了让拥护者高兴，可能会废除卡多佐总统的经济政策，转而支持民粹主义举措。我也有同样的担忧，但席尔瓦做的两件事，让我消除了疑虑。他不但承诺支持通货膨胀目标制的政策，并且还在新的“加速增长计划”中体现了出来。只不过，巴西央行行长不再是通货膨胀目标制政策的早期推动者阿米尼·弗拉加，而是恩里克·梅里莱斯（Henrique Meirelles），但这些对我来说已足够了。现在回过头来看，席尔瓦倒是很像 21 世纪头十年中 20 国集团中最伟大的政策制定者。他让巴西的下层社会相信，西方政策对他们来说是有好处的。无论通货膨胀目标制会给货币秩序带来什么样的痛苦，知道口袋里钱币的价值肯定比不知道要好。席尔瓦出身贫苦，知道恶性通货膨胀和财政持续不安全的破坏力。他用令人信服的方式积极提倡发展中国家实现经济增长所必需的政策。

2010 年 9 月，英国《金融时报》周末版《与 FT 共进午餐》栏目在圣保罗一家餐馆采访了费尔南多·卡多佐。[1]他们一道邀请我就此次采访写一篇短文，我这才有机会拿卡多佐同席尔瓦的贡献作一比较。我在文章开头说，没几件事会让我比自己有机会与 FT 共进午餐，在伊帕尼玛（Ipanema）海滩小口喝着卡皮利亚（caipirinha）㊀，听卡多佐和席尔瓦你争我辩来得快活。虽然两人大不相同，但席尔瓦在很多方面都是卡多佐的继承者。卡多佐给了席尔瓦一个成功的平台，而席尔瓦也才智过人，不但继承了上一届政府的大部分政策，而且还把经济稳定的效益带给了很多人，使人民的收入水平得以提高。这反过来也增加了政策制定者的信誉，有利于继续坚持以稳定为原则的政策。卡多佐在采访中说：“我实施了改革，席尔瓦则在后浪推前浪。”

2010 年，政治权力由卢拉传给迪尔玛·罗塞夫（Dilma Rousseff）。她的艰巨任务是提高巴西的增长环境分数，确保巴西经济持续增长。2011 年，巴西的增长环境分数是金砖国家中最高的。即便如此，巴西仍存在危险，用卡多佐的话说，巴西经济的成功可能会“麻痹”巴西，让巴西不再保持改革

㊀ 一种巴西的鸡尾酒，由甘蔗酒、酸橙、糖和冰块制成，是巴西的国粹饮料。——译者注

的势头。巴西现在拥有很多巨型公司。例如，巴西石油公司在2010年9月通过世界最大的股票发行筹资670亿美元，用于投资世界最大的石油储藏地开发。然而在2010年世界银行发布的《营商环境报告》中，巴西在183个国家中排名第127位。巴西仍需在税收、基础设施等领域进行改革。巴西民主政府需要制定新的大型计划来提高医疗保健和教育的质量，增加新技术的应用。尽管巴西在各个方面都取得了成功，但巴西的增长环境分数仍然比韩国低两分，这也许意味着巴西在成为高度发达的经济体之前仍有很长的路要走。

到了一定时候，巴西还需要收紧业已放松的政府开支，从而抵消金融危机的负面影响，增加巴西在国际贸易中的作用，扩大对私有企业的投资。虽然外商直接投资涨势喜人，但巴西对世界贸易的开放程度仍未达到人们的预期。巴西政府应当鼓励本国企业走出国门，寻找更多的国际机遇。虽然巴西在稳定通货膨胀的战役中取得了长期的胜利，但利率仍然极高，这无疑增加了推动私有企业投资的难度。究竟是因为巴西国民怀疑低通胀的持久性，还是因为症结在于政府开支的挤出效应[㊀]，这个问题仍有争议，但有一点，那就是两者都有可能是真的。扭转危机后政府开支的上涨势头也许有助于降低利率，并在某种程度上减缓里拉的升值压力。

我已经说过，货币走强是巴西面临的另一挑战。我怀疑，相对高位的利率水平助长了货币的持续走强，特别是在其他大多数重要市场都收益欠佳的情况下。如果“渡边太太”为了获取收益而购买里拉，那么我们不难想象，其他人也都在

㊀ 指政府支出增加所引起的私人消费或投资降低的效果。——译者注

这么做。不过，里拉走强也许还有其他方面的原因。也许世界各地商人纷纷投资曾经忽略过的巴西，导致里拉走强。唯有在巴西利率下跌时我们才能确切地明白。可能巴西的利率处于正常范围，而其他国家的利率太低了。根据这种说法，全世界的利率最终都会上涨，从而缩小与巴西等国的差距。不管怎样，高利率并没有阻碍巴西近年来的强劲增长，因此不能把高利率看成一道不可逾越的障碍。

不过，据我判断，罗塞夫女士所能做的最重要的事情，就是确保央行独立，允许央行用自己的方式来保持较低而稳定的通货膨胀水平。巴西成为金砖国家，创造了经济重生的可能性。较低而稳定的通货膨胀水平让每个巴西人都有机会更合理地规划自己的未来，这是经济持续增长的基础，只不过被人低估罢了。我在 2011 年中期写道，巴西的人均财富在过去 10 年中急剧增长，达到了每人 1 万美元，几千万巴西人脱离贫困。到 2050 年，巴西的财富将可能会达到今天发达国家的最高水平，至少是巴西今天的 4 倍。这不仅会使巴西成为发展中国家里最富有的国家之一，而且还会使巴西的梦想近在眼前、触手可及。当然，对巴西而言，发展中国家这一称谓也越来越不合时宜。

2010 年，里约热内卢市长爱德华 · 佩斯（Eduardo Paes）来伦敦办公室看我。继 2012 年伦敦奥运会之后，里约热内卢将在 2016 年举办奥运会，佩斯市长想从伦敦的准备工作中借取经验。会面后，佩斯邀请我到里约热内卢金砖四国会议上发表演讲，但提议的会议日期未能配合。可是佩斯魅力超凡，执意邀请，他说：“我们把会议安排在里约热内卢狂欢节那周怎么样？”结果，这与我和妻子的度假日期相巧合。

虽然我到里约热内卢以公事为主，但我们有约在先，要给我留些时间休个小假。当然，我要再次到里约热内卢最大的足球场马拉卡纳（Maracanã）看场比赛。另外，我还有机会去探访里约热内卢最大的贫民区。贫民区地处市区，在很多人眼中，这是绝望的贫民窟。我第一次到里约热内卢是在2003年。早前我看过各种各样的报道，讲的都是里约热内卢的犯罪与贫穷，以及科帕卡瓦纳（Copacabana）海滩附近沿街的暴力盗窃。我对贫民区一直有着强烈的兴趣，因此，到里约热内卢最大的贫民区走访让我非常激动。然而，贫民区似乎有条不紊，秩序井然，让我们大为惊讶。与印度城市的贫民窟相比，我们并没有多么不好的感觉。

那天烈日熊熊，炎热无比，我们半路上停下来，到小酒吧喝了一杯。我坐在那里，看到隔壁是家旅行社。窗户上贴满了巴西和世界各地的航班广告。我问当地一些人，他们说，贫民区里有旅行社，只不过是他们国家进步的又一个标志罢了。当然，这只是一个我们在白天探访的贫民区，况且里约热内卢并不一定代表巴西。但从总体上讲，这次行程极大地改变了我对巴西的看法，原始的经济数据有了独特的质感。

我对巴西人的多元性和包容性充满了钦佩。科帕卡瓦纳海滩、伊帕尼玛海滩以及市区各处，不同肤色、不同种族、不同国籍的人都能快乐地生活在一起。巴西是个巨大的熔炉，而我此前却一直没有正确认识到这一点。

爱德华·佩斯市长及其领导班子打算把里约热内卢打造成“南半球之都”，其对手有悉尼、开普敦以及拉丁美洲的布宜诺斯艾利斯，任务艰巨。但里约热内卢有着天然的美景，只要他们改善机场等基础设施，扩大公共设施，降低犯罪，那么这一美好的目标就有可能实现。当然，2014 年巴西世界杯和 2016 年里约热内卢夏季奥运会都会产生积极的影响。这些都是彰显巴西实力的巨大机遇，都将激励巴西取得更大的进步。当然，中国人肯定是以这种方式看待了 2008 年北京奥运会。从最起码的角度讲，体育赛事会改善里约热内卢的酒店状况。科帕卡瓦纳海滩和伊帕尼玛海滩长达 16 公里，但五星级酒店只有两家。再看美国迈阿密，豪华酒店几乎遍布整个滨海地带。

2003 年会议主持人低声对我说，我把巴西纳入金砖四国，无非是为了让这个词组好听一些。这使我认识到，人们对巴西的预期有多低。巴西用不着为了给人惊喜而取得如此大的进步。可事实上，在过去几年中，巴西着实让人大吃一惊。虽然巴西仍然面临着很多困难，但巴西同样有着让人拭目以待的巨大潜力。

俄罗斯

对俄罗斯持如此乐观态度的人并不多见。事实上，很多人认为，应该把俄罗斯从金砖四国中剔除掉。他们认为，俄罗斯不具有人口优势，过度依赖能源和原材料，国家治理和法律体系历来表现差劲，实在配不上金砖四国的身份。我常常收到一些邮件，向我解释金砖四国不应该包括俄罗斯的原因，但我对此不敢苟同。

我对这些批评人士说，虽然俄罗斯确实存在严峻的挑战，但它仍然具有潜力，使人均GDP超过其他三个金砖国家，甚至超过其他欧洲国家。如果俄罗斯能够实现潜力，就会给欧盟和世界制造各种复杂而有趣的政治问题和社会问题，更不用说那些显而易见的经济问题了。对于欧盟来说，边境线上有个富有的邻国一定会具有非同寻常的意义。只要不挑起冲突，俄罗斯加入欧盟的可能性就会很大。

目前，俄罗斯的核心问题是人口问题。人们普遍认为，由于俄罗斯人口死亡率过高，人口急剧下降，经济前景令人担忧。这种普遍预期就是很多人怀疑俄罗斯不能同中国、印度甚至巴西相提并论的核心原因。关于俄罗斯预期寿命低的负面传闻可谓铺天盖地。有个俄罗斯学者告诉我，凡是40岁以上的俄罗斯男性，60%都死于醉酒。且不说真假与否，这至少反映了人们对俄罗斯寿命的偏见。若干年来，我对俄罗斯进行了很多次讨论。其中一个引起大家注意的统计数字是，俄罗斯男性平均只能活到59岁。这比美国人的平均寿命低20岁。2010年5月，在伦敦金砖四国会议上，我有幸采访了俄罗斯第一副总理伊格尔·舒瓦洛夫（Igor Shuvalov）。他告诉我，由于俄罗斯颁布了降低劣质酒消费特别是伏特加消费的重要政策，男性平均寿命增长到近65岁。我把这些话拿来同学者讨论，他们承认俄罗斯平均寿命在提高，只是对提高的幅度有所怀疑而已。他们认为，巧妙的税法抑制了劣质伏特加的消费，对平均寿命的提高产生了至关重要的影响。

长期以来，改善俄罗斯人口状况一直是俄罗斯领导人心中的头等大事。2006年，时任总统、现为总理的普京将人口称为“俄罗斯当今最为严峻的问题”，情况“危急”。[2]苏联解体后，由于人口外流、死亡率上升、出生率下降等因素的影响，俄罗斯人口一直呈下降趋势。另外，艾滋病也夺去了很多人的生命。2004 年，俄罗斯每出生 10.4 个婴儿，却有 16 个人死亡。纵观俄罗斯，家庭有多过一个孩子的微乎其微。经济学家和社会学家对个中原因展开了探讨。有的人抱怨，苏联福利制度突然消亡，杂乱无章的自由市场取而代之，是问题的根本原因。有位学者写道：“俄罗斯人口危机不是由于一种疾病，更不是由于一小撮微生物，而是由于一系列现象的综合作用，这不仅包括传染病，还包括酗酒、滥用毒品、自杀、精神创伤、数量惊人的心血管疾病、男女疏远、家庭失去凝聚力、生育率下降、环境污染严重、微量元素严重不足等。”[3]不论何种原因，如果俄罗斯不采取行动，那么到 2050 年，人口就会降到 1 亿以下。普京建议采取大范围补助计划，通过金钱奖励来提高俄罗斯的出生率，其中包括：将头胎儿童补贴提高到一个月 53 美元，第二胎儿童补贴提高到一个月 107 美元，共付 18 个月；延长产假；增加产前护理、产科医院和幼儿园的投资。凡生第二胎的父母，政府承诺补助 1 万美元。这些举措的目的就是要扭转俄罗斯人口平均每年减少 70 万的下滑趋势。

到 2007 年，俄罗斯政府宣称已取得进展。[4]俄罗斯卫生部部长在报告中说，双子女家庭一年内增长了 8%。俄罗斯提高生育率的某些举措在外人看来似乎很好笑。比如，在莫斯科附近树立母亲纪念碑。又比如，2007 年，乌里扬诺夫斯克市设立怀孕日，鼓励工人回家生孩子。凡在俄罗斯国庆日 6 月 12 日生孩子的父母，即可在下一年获得四轮驱动汽车等奖品。

2011年4月，普京总理再度关注人口问题，承诺拨款500亿美元，以期在2015年使俄罗斯人口出生率增长30%。2010年俄罗斯全国人口初步调查显示，俄罗斯人口从2002年以来下降了220万，不到1.43亿。当我把这些内容讲给高盛资产管理公司（Goldman Sachs Asset Management）的部分同事时，他们大多数都表示怀疑，就像经常怀疑俄罗斯的政策一样。然而有趣的是，这些持怀疑态度的人并不包括高盛俄罗斯籍经济师克莱门斯·格拉夫（Clemens Grafe）。格拉夫表示，从2006年到现在，人口出生率已经提高了20%，因此，到2015年，出生率提高25%是很容易就能达到的目标。

如果俄罗斯真能促成这一人口转变，那么俄罗斯的经济前景将会大幅提高。我们对2050年的经济预期就会突然显得过于悲观，所谓“大众舆论”也会大错特错。

即使只根据我们对人口状况的保守预期，俄罗斯GDP到2050年也能增长到7万亿美元，大约是今天的4倍。假如俄罗斯人口仅仅只是停止增长，俄罗斯到2050年也能轻易达到巴西的规模，GDP大约为10万亿美元。俄罗斯每年只需增长3%左右，即可达到我们在2003年时所预测的潜力。既然别人认为俄罗斯经济潜力“不容乐观”，我们就必须牢记这一点。俄罗斯不需要巨大的增长率。俄罗斯只需要谨防危机。如果俄罗斯做到了这一点，其GDP很快就会在2017年超过意大利，然后在2020~2030年，稳步超过法国、英国和德国。试想，从2011年起的25年内，俄罗斯便能发展成为比德国还大的经济体，确实了不起。

尽管如此，我看到，人们仍然对俄罗斯保持着高度的反感。当然，他们通过随随便便的几次观察便得出观点，这是可以理解的。其实，花如此多的时间来研究金砖四国，特别是俄罗斯和中国，也促使我思考哪种政府既适合经济增长，又适合增长过程中的不同阶段。

有位俄罗斯朋友告诉我，关于俄罗斯的政治领导，我需要了解两件事。第一，苏联有很多旧制度遗留下来，重新拿起来使用的诱惑仍然非常强烈。40 岁以上的俄罗斯人，其中包括很多社会治安人员，都对苏联时代的方方面面记忆犹新。第二，如果俄罗斯朝西方国家的民主社会模式发展，那么它需要进三步、退两步。他说，如果没有短暂的倒退，俄罗斯就不可能带领人民前进。俄罗斯人民无法适应太快的变化。俄罗斯的历史向来动荡不定、反复无常，因此绝不能放任驰骋、不加约束。俄罗斯向前发展必须小心翼翼，必须立足过去，绝不能像叶利钦那样强行把俄罗斯抛入不确定的未来。普京和梅德韦杰夫的路子就反映了这种需要。

俄罗斯人口远远超过欧洲最大的国家德国。俄罗斯如果能够热情欢迎西方的先进技术，乐于接受外商投资，那么就仍然能以非常快的速度实现发展。

2011 年年初，我到俄罗斯参加圣彼得堡国际经济论坛，类似于每年在瑞士阿尔卑斯山达沃斯举行的世界经济论坛。在讨论到互联网的时候，一位与会者指出，在过去一年中，俄罗斯有两家互联网上市公司是欧洲、中东和非洲地区最有价值的技术公司，连英国、法国、德国都没有这样成功的公司。其间，梅德韦杰夫总统本人也走过来参与讨论，这反映了俄罗斯最高层的兴趣所在。俄罗斯在莫斯科近郊建立了斯科尔科沃创新中心，旨在培养硅谷式的技术集群，苹果和思科公司都进行了投资。我认为，俄罗斯的国家技术政策是世界最好的之一，汇聚知识英才使之成为现实。俄罗斯历来奉行由中央指导的强势教育，对数学和科学的标准非常严格，这就使俄罗斯很容易提高对现代技术的应用与创新。这不仅对商业产生了明显的效果，同时也引起了俄罗斯决策层的兴趣。

但是，技术只是增长环境分数的一个要素。很明显，俄罗斯仍需在其他方面有所提高。根据我们的跟踪数据，俄罗斯的增长环境分数在180个国家中排名第110位，在金砖国家中排名第3位，略胜于印度。过去10年大宗商品价格高涨，支撑起俄罗斯的财政收支和国际收支。不过，2008年原油价格暴跌，凸显了俄罗斯的薄弱之处。往好处看，这场危机也许会让俄罗斯领导人谋求多元化的发展模式，降低对自然资源的依赖程度。

从微观层面看，俄罗斯具有较强的教育实力（超过印度）和通信实力：手机、电脑、互联网。俄罗斯的弱点除了较低的预期寿命外，还有政治不稳定、法治不健全、腐败严重、政府干预普遍渗透到日常决策的重要方面等。不过，我们有必要保持全面的看法。例如，意大利的法治在很长一段时间都是薄弱的，但其经济照样繁荣了多年。我想，我看好俄罗斯自有一定原因。我见过的政府决策人员大都是聪明睿智、学识广博的人，他们深知俄罗斯的国情和出路。所谓的“寡头”也是如此。换了其他国家，这些人就是简单的商人，或称之为“富豪”，抑或称之为“大亨”。我们把俄罗斯富人称为“寡头”，说明我们对俄罗斯存有天马行空的偏见。我面对面见过一些寡头，他们与欧洲和美国的成功商人毫无二致。

我常常到俄罗斯出差，使我深有感触的是，俄罗斯人对西方民主似乎并没有强烈的愿望，这一点与西方人的想法恰恰相反。在外国人眼中，普京常常被认为是独裁者。但在俄罗斯，虽然全球信贷危机导致经济严重衰退，但普京仍然深受欢迎。外国观察者需要记住，在俄罗斯国内，前任总统叶利钦和苏联的戈尔巴乔夫从来不是深受民众欢迎的领导人，也从来没有得到自己在西方那样的敬仰或尊崇。在两人的领导下，俄罗斯人没有看到自己的财富有所增加。可以说，两人是在动荡不安的艰难时代执掌俄罗斯的。

当然，我并没有对俄罗斯存在的问题视而不见。2003年，我到莫斯科与比尔·布劳德（Bill Browder）会面。比尔来自美国，对投资俄罗斯抱有巨大的热忱。他告诉我，俄罗斯很了不起，而且他到处宣传把俄罗斯纳入金砖四国的事，以便于他筹集资金。比尔是个活跃的个股投资者，常常公开发表怎样开公司、怎样开好公司的看法。几年前，他的签证被吊销，如果执意要回返，将会面临严重的后果。

有关国家统合主义日益增长的问题，再也没有比尤科斯石油公司（Yukos Oil）更好的例证了。在21世纪初期，尤科斯石油公司兴许是全世界最大、最好的石油公司之一。今天，尤科斯石油公司早已不复存在。2003年，尤科斯石油公司前首席执行官米哈伊尔·霍多尔科夫斯基被捕，警方指控其犯有诈骗罪。尤科斯石油公司被指逃避巨额税负，资产被廉价拍卖，公司宣告破产。大多数高层管理逃离俄罗斯，但霍多尔科夫斯基受到审判、定罪并被送进监狱。根据《福布斯》杂志，霍多尔科夫斯基曾是俄罗斯首富、全世界第16富。

关于尤科斯，人们仍在争论不休。很多西方人相信霍多尔科夫斯基的说法：尤科斯过于强大，已经危及俄罗斯政府。但俄罗斯评论员，特别是与政府关系密切的评论员，却在指责西方观察员没有看到尤科斯的违法行径，想必包括系统性逃税行为。某些中立人士则说，即使尤科斯存在逃税行为，也罪不至此，政府对尤科斯的惩罚过于严厉。

也许由于以上种种原因，金融危机后，俄罗斯股票行情不如其他金砖国家，相对来说比较“便宜”。由于俄罗斯前途不明朗，一年后的预期利润难以预测，因此，俄罗斯市场交易估价低于其他金砖市场。在金砖四国概念刚刚提出的头几年里，俄罗斯对巴西贸易具有高价优势，但现在，交易价格大打折扣。

俄罗斯过度依赖石油和天然气是另一个备受关注的问题。从某种意义上说，拥有大量的能源和矿产资源是一个国家的一大财富，但财富可以使人懒惰。大宗商品价格上涨，当然令人羡慕，而一旦下跌，经济体很快就会脆弱不堪。2008年全球金融危机期间，由于油价大跌，俄罗斯GDP下降了8%，股票市场价值更是跌去70%，令人大为震惊。没有一个国家愿意经受这样的剧烈波动。俄罗斯要想全面发挥金砖国家的潜力，使其 GDP 在 2050 年达到 2010 年的若干倍，就必须摆脱能源的束缚，寻找其他行业，发展其他公司，扩大人民大众对经济财富的所有权。为了实现促进技术产业发展的目标，梅德韦杰夫总统在 2009 年宣布了减弱能源重要性的计划，这确实是在向大势所趋的方向上迈出了坚实的一步。高学历、懂技术的人口肯定能够实现这一目标。

另外，俄罗斯还应采取措施，鼓励跨国消费品公司，特别是具有强势品牌的跨国公司，到俄罗斯发展。政府保留自然资源公司的所有权，尚可理解，但从满足俄罗斯人日益增长的消费愿望上来讲，允许外资公司进入俄罗斯市场肯定要比培养本土公司更加合理。就此而言，2010 年年末，百事可乐收购俄罗斯最大的食品公司维姆 - 比尔 - 丹公司（Wimm-Bill-Dann），也许透露出了重要的正面信号。

俄罗斯可以变得非常富有。俄罗斯人均 GDP 可以从现在的 1 万美元增长到 2020 年的 2 万美元，再到 2050 年的 6 万美元。消费品需求也会达到今天很多发达国家的水平。人们认为，2010 年，俄罗斯的车主人数已经超过德国。人口众多固然是一方面的因素，但个人财富快速增加同样至关重要。如果俄罗斯政治领导人能够提供有利的环境支持，就很有可能吸引大型跨国汽车制造商到俄罗斯发展。

另外，俄罗斯也可能成为其他跨国公司将产品出口到前苏联国家、伊朗、伊拉克及其他中东国家的理想地方。政府官员对探究这一政策肯定会越来越感兴趣。不但如此，他们还热衷于把莫斯科建设成区域金融中心。在 2011 年高盛公司金砖四国会议上，俄罗斯两大最具影响力的银行之一——俄罗斯外贸银行（VTB）行长兼首席执行官安德烈·科斯京

（Andrey Kostin）告诉我，他觉得俄罗斯会成为前苏联重要的金融交易中心。

俄罗斯要想提高成功的概率，达到我们在2050年的预设目标，需要解决很多问题。俄罗斯人有很多机会来观察自己的表现。

石油价格很有可能会在未来某一阶段再次急剧下跌。假如油价跌到15美元一桶且维持不变，从短期来看，这对俄罗斯来说肯定无异于一场噩梦。2008年，油价暴跌到30美元左右，俄罗斯经济便很快表现出脆弱不堪来，但最终，俄罗斯不得不采取措施，减少对高油价的依赖，这对俄罗斯有很大的好处，可以促使俄罗斯建立真正的经济基础，而不是纯粹依赖于出售自然资源。2008年金融危机以前，由于油价的原因，俄罗斯的表现超出了我们的预期。聪明的决策层肯定知道俄罗斯经济增长的原因，对危机必然有充分的准备。

2008年年初，就在金融危机重创俄罗斯之前，我到俄罗斯发表演讲，探讨俄罗斯截至2020年的增长前景。我对增长预期的乐观程度只有俄罗斯人的一半。我能感到听众的不快。在接下来的讨论中，我对听众说："俄罗斯的金砖生活只有7年，油价却上涨了5倍。我敢保证，在未来7年内，油价肯定涨不了5倍。"不到3个月，油价下跌了一半，俄罗斯的GDP也呈直线下跌。我很清楚，这种事情迟早要发生。只不过，我不知道俄罗斯有没有从这次危机中吸取教训。

另外，俄罗斯必须改善其基础设施。和巴西一样，俄罗斯即将在2014年举办索契冬季奥运会，2018年举办世界杯足球赛。这些体育赛事让俄罗斯有机会像2008年的中国一样在全世界面前崭露头角，有机会在民生领域不断取得进步。

民生领域虽然简单，但对很多人而言却是最重要的。例如，圣彼得堡是俄罗斯第二大城市，是我到过的建筑最美的城市之一。但是，我每年到圣彼得堡，都会看到机场人山人海、混乱不堪的样子。俄罗斯要真想有所作为，就必须改善其机场等基础设施。

2008 年，我到莫斯科去看欧洲冠军联赛决赛曼联同切尔西的比赛。我们听人说，由于进出城的人流倍增，公共航班可能会比较混乱。于是，我们选择组团搭乘私人飞机前往，其中有几个人是切尔西球迷，而我的儿子则是狂热的曼联支持者。在看比赛前，我们在莫斯科玩得非常尽兴。行程的结束也是愉快的，经过罚球后，赛果尽在预料之中：曼联获胜。我们彻夜庆祝，第二天早晨迷迷糊糊去赶航班回国。可是登机后过了 14 个小时，飞机仍滞留在跑道上，旁边同样是几十架私人飞机。一行 12 人在飞机上，我们从未料到能有如此机会充分认识彼此！我们后悔当初不了解情况就贸然乘坐私人飞机。我们 4 个人最后选择搭车到莫斯科的另一头，去赶英国航空公司隔天早晨 6：40 的定期航班。我们原定的航班没过多久也起飞了。这真是一次昂贵而累人的旅行，也让我对俄罗斯的某些问题大开眼界。

在漫长的候机过程中，我的旅伴问我为什么俄罗斯会是金砖国家，必须说，那次的旅程也实在让我感到纳闷。我们一直在听别人说，机场无法容纳这么多航班，或者是，普京总统关闭了莫斯科上空的空域，好方便他访问前苏联的某个国家，并当天返回。不管真相如何，俄罗斯都应消除这种神秘的作风，提高透明度和效率，向高度发达的国家看齐。时至今日，我们仍然不知道当时滞留机场的原因！

我知道，单凭一次不愉快的经历就贸然得出很多结论是不正确的。我去过俄罗斯多次，都没有如此不顺畅的经历。另外，我们也很容易受西方偏见的影响，使我们无法正确看待俄罗斯乃至金砖四国的进步。但是只要我们谨记俄罗斯的过去，对其现在作判断、那我们对其未来所作的预测就会来得较为现实。

印度

印度是最神秘的金砖国家。

印度的人口让人惊叹不已。印度的人口是全世界最具有优势的。在未来25~30年中，印度的劳动人口将可增加到3亿，相当于今天美国的人口总数。印度人口在2011年已经达到12亿，到2050年将达到17亿，比中国多10%~20%。届时，印度的年轻人口将远远超过中国。印度的劳动力将达到中国和美国的总和。这些都是不可抗拒的事实。单凭这一点，印度就会成为全世界最有影响力的国家之一。

另外，印度还拥有可靠的法律制度、很多说英语的人口、正在向全球扩张的本土技术公司等重要优势。印度看到中国经济快速增长，不甘落后于这个最大的邻国，它已经在采取行动了。从理论上讲，印度可以在未来20~30年内超过日本，成为世界第三大经济体。印度人口众多，实际GDP的增长速度有望超过任何其他金砖国家。到2050年，印度经济将是今天的30多倍。不过，在金砖四国中，印度的增长环境分数最低，这是让很多探访者感到惊讶的事实。当人们建议我把俄罗斯从金砖国家中剔除掉时，我指出，尽管俄罗斯问题繁多，但增长环境分数等众多可持续增长指数均表明，俄罗斯强于印度。印度的挑战由此可见一斑。我相信，印度是我见过的最活跃、最美丽、最富有创造力以及最鼓舞人心的国家。然而，印度的贫困触目惊心；同时，要在印度办个事情，那更是难如登天。

我永远忘不了第一次去孟买的情形。飞机降落时，我凭窗望去，跑道沿线几英里尽是贫民窟。如果说通过机场本身就是一场冒险的话，那么到市中心的旅途就更是非比寻常。透过夜色，看到如此多的人睡在大街上，我还以为他们都死了。

在白天，孟买无时无刻不在交通堵塞。儿童乞丐砰砰砰地砸着车要钱，活像一出舞台剧。虽然印度的贫困触目惊心，但看到这广阔无边的城市，我的心里仍然会有一丝激动。我每次到孟买，人们都会对其人口有不同的估计。官方统计是1 500万，但好几个人都告诉我，实际人数是其两倍。我曾与贫民窟清理与发展负责人一道，走访了孟买的贫民窟。他向我讲述了很多奇闻逸事。在清理贫民窟的工作中，市政府决定向人们提供郊区开发新区的公寓住宅。很多人得到了房子，但不到几个星期，由于缺乏高度的集体感和深厚的友情，他们就会离开新家，返回贫民窟，重新为自己和家人搭建窝棚。你可以从一些精彩纷呈的书本中读到孟买和德里的生活，但什么都不如身临其境来得真切。

说到印度，各种消息矛盾百出。在高盛公司，我们也是在分析金砖四国之后，才开始认真思考印度的。我们直到2003年发布《与金砖四国一起梦想：通往2050之路》时，才开始考虑聘请一位印度籍的全职经济师。从这个意义上说，是金砖四国的概念让我们去思考印度，而不是由印度来思考金砖四国的概念。当然，我们对印度在2050年的预期让我们惊讶。印度国内外人士也都对我们的大胆预期惊叹不已。

印度在过去10年中的好消息是，没有出现大的经济危机。印度既没有举世瞩目的丰功伟绩，也没有怨声载道的斑斑劣迹。在重要领域，印度仍然落后中国15～20年。城市化就是个很好的例子。印度各地涌现出大量的新城市，而且你会看到德里和孟买的基础设施在日益改进，但节奏并不总是很快。我还记得当年，为了与印度政府的顾问见面，必须从德里开车前往古尔冈卫星城这个蓬勃发展的技术中心。见面时间定在上午9：00。我很想准时到达。司机说，路上所需时间介于45分钟到2个小时。我决定做好最坏的打算。结果，路上总共花了两个半小时。刚离开酒店后不久，我们就给堵在路上了。工人正在修建新的高速公路。因此修路期间，现有公路就变成了单车道，我们就在马车、牲畜及其他汽车之间挤来挤去。我看到，上百个施工工人在那里无所事事，几十个交警在维持混乱不堪的交通秩序。我记得，我坐在汽车里，车的两旁被牲畜围得水泄不通，我只好向远处望去，去看那些美丽的摩天大厦。在这件小事里，既有印度经济进步的标志，也有暗藏危险的信号。

我对自己说，我以后来印度还会到这里，用这
为印度进步的指示。新公路最终修好了。现在，从
尔冈卫星城只需半个小时。另外，德里的地铁和机场

时翻新。

印度政治家有意愿推动国家向前发展，但有时候我认为，他们也希望阻挠这一进程，仿佛不完全相信经济增长是好事。我常常看到印度精英阶层对西方政策有所质疑。有的人就不喜欢这样巨大的变化。不久前，我到印度北部城市西姆拉参加英国印度圆桌会议的一个小会。我与印度一位著名哲学家发生了激烈的争论。他说，经济增长只会引发灾难。他谈到了环境污染，谈到了金融市场的危机四伏。当然，这二者都有可能是经济增长的负面后果。但我对他说，我觉得他的意思其实就是不希望印度同胞脱贫致富。

我前面说过，控制通货膨胀应当是金砖国家宏观经济政策的核心。没有比这更好、更简单、更清晰的办法来向老百姓说明政府考虑问题的影响因素了。但印度政治家对我说，通货膨胀目标制太过复杂，建立消费者物价指数太过困难，况且食品价格波动起伏，使消费者物价指数不具有可靠性。我怀疑这些是不是真正的原因，还是说某些印度领导人宁愿让政府政策捉摸不透，也不希望它清晰明了。

印度还有一些中国没有的问题。印度的各个邦区具有充分的自主权，因此，中央政府无法强行贯彻统一的政策。印度是个民主国家，这难免涉及政党间的口水仗、过时的种姓制度、不和的信仰，更不要说错综复杂的殖民遗产了。在印度，各种声音和观点互不相让，不像中国目标单一。我们在此不是来评判印度民主政治与中国社会主义这两种政治体制孰优孰劣的问题，我们只是观察两国经济政策的差异。

从投资的角度看，我很担心 2010 年和 2011 年的印度。股市估值非常高。其实，在过去几年中，印度几乎年年都在高价交易。我认为部分原因是，印度具有非常好的潜能和海外形象。人们看到印度遍地都是百万富翁，不免以偏概全。某些印度公司和个人利用错误定价的优势，设立新公司，发行新股票，再用募集的资金以半价购买同等价值的西方资产。有些非常精明的投资者认为，印度的GDP增长非常均衡，而非普通大众所认识的那样。这些投资者说，印度经济对世界其他国家没有太大的依赖。这使印度经济在面对国外危机时更具弹性，也因此发挥了出色的防御性投资作用。如果你担心世界经济发生危机，那么这些投资者就会认为你应该投资印度，因为印度经济是由自身消费推动的，不是由出口或外商投资推动的。印度经济的自给自足性远远高于其他金砖国家。这方面的证据有，在过去十年中，我们看到，印度承受住了大宗商品价格日益上涨的巨大压力。印度成功应对大宗商品价格上涨压力，就像巴西成功应对经济危机和大宗商品价格下跌一样。如果你在对比金砖四国，你就会说，除非大宗商品价格下跌，否则难以判断俄罗斯和巴西经济增长孰强孰弱。但反过来，在大宗商品价格日益上涨的十年中，印度却以大宗商品净进口国实现了经济增长，由此可见印度之强健。

我认识很多在印度经商的人，他们有印度人，也有外国人，从实力最强者一路下来，几乎人人都在抱怨那种慢条斯理的官僚作风。普通的批准、认可需要数月时间才能通过，哪怕最简单的手续，没有繁文缛节绝对办不下来。

我最近听说，英国部长打算与印度某些官员会面。印度方面问道，部长与各个印度官员是否为第一次会面，因为如果不是第一次，这将是最后一次的会面，部长的工作人员为此大惑不解。根据印度公务员制度，与部长级别的人物会面只允许两次；印度官员不得与外国政治家举行第三次会面，官僚主义由此可见一斑。

也许是由于这种捉摸不透的官僚主义，印度成为吸引外商投资最少的金砖国家。假如有一天，印度允许特易购或沃尔玛进入印度，那么零售业生产率一定会提高，农业废弃物就一定会降低。然而，政府官员担心此举会对印度社会造成不良影响，因而转向保护主义，限制外资企业。

印度在技术应用和教育水平方面的增长环境分数较低，正好反映了这一点。当然，很多西方人过去常常见到知识层次高、掌握高新技术的印度人，不免会为此大吃一惊。在教育体制的上层，印度培养了大量训练有素又懂英语的技能型毕业生，促使印度服务行业取得成功。这些人同样对电脑操作高度熟练。然而，印度大部分人口没有受过教育，接触新技术的机会非常有限。印度有几亿人口都没有或很少接触到正规教育。政府统计与实际情况有着天壤之别。外界认为，6~14岁的儿童中有20%从未上过学，而且入学儿童的辍学率也是很高的。到目前为止，印度是识字率最低的金砖国家，女性识字率更是不足50%。印度在初等教育、中等教育、高等教育等各个方面都在挣扎着。在各个世界一流大学排行榜中，中国有多所大学榜上有名，但印度只有一所。印度政府承诺对各等教育进行大规模投资；印度就算只是为了满足国内对高素质劳动力的需求，也必须这样做。印度希望大学的数量到2020年时可以翻两番。

我本人对教育慈善很感兴趣，这使我有机会接触那些志同道合的印度人。经过多次交谈，我更有理由对印度的未来充满希望。他们有很多鼓舞人心的项目，其中包括“布拉罕”（Pratham）组织和“为印度而教学”（Teach for India）组织。布拉罕组织在联合国儿童基金会的帮助下于1994年成立，宗旨是让更多的印度儿童上学。“为印度而教学”是英国“教学优先”（TeachFirst）组织的分支，旨在将英国一流大学的近期毕业生派遣到印度贫困地区的中等学校任教。印度必须大幅提高教育水准、增加教育机会，才有可能充分发挥其巨大的潜能。

当然，这里面还有商机。例如，与教育相关的商业就会成为英国重要的出口商品。我们在英国印度圆桌会议上还讨论到另外一项举措，那就是向印度“转移”相对更好的西方大学。假如我是其中某个大学的负责人，我就会花大量时间来研究在印度人口最密集的城市角落开设“分校”的事情。

正如同慈善教育举措一样，假如我是高技术公司的企业家，我就会寻找各种机会，帮助印度最贫困的人学习基础技术。接触互联网，接触手机，加上正规教育，肯定会对印度加快发展产生真正的作用。况且印度城市化飞速发展，印度实际GDP增长率赶超中国便指日可待。另外，印度在未来10年年均增长10%以上也是显而易见的事。不过，要是印度不投资教育，不投资技术，印度就会像20世纪50年代到80年代那样止步不前。那时，政府奉行贸易保护主义、干涉主义，年均增长率只有惨不忍睹的3.5%，被蔑称为“印度式经济增长率”。

除了不实行通货膨胀目标制外，印度政府还存在其他方面的宏观及微观问题。[5]印度对国际贸易的开放没有达到应有的程度。这对印度来说是个长期存在的问题。2009年上台担任印度总理的曼莫汉·辛格（Manmohan Singh）是位经济学家，他在1962年牛津大学博士论文中谈到了印度的出口趋势以及出口趋势在印度经济增长中发挥的作用。1991年，在国际货币基金组织的竭力推荐下，辛格出任印度财政部部长。当年，印度贸易占GDP的比重只有不值一提的15%。由于辛格的改革和全球贸易的蓬勃发展，印度贸易占GDP的比重增长到35%以上。从能源、制药、宝石到广为人知的信息技术外包，印度在服务业和制造业方面创造了新的出口产业。

特别是2000年以来，印度对外贸易急剧增长。印度占世界出口的比重从1993年的0.6%增长到2010年的1.5%。出口增长近40%，达到2 460亿美元，轻而易举地超过了政府预期。2011年，印度出口仍在急剧增长。在2011~2012财年的前几个月，出口增长超过50%。印度国民大会党领导的印度政府希望在未来3年内年均出口收入达到5 000亿美元，相当于每年增长30%。印度出口处在大洗牌的过程中。我在2011年写道，印度对美国的出口额占印度出口总额的13%，相比之下，2000年这一比重高达21%。现在，印度2/3的出口商品都流向了亚洲国家和若干非洲国家等非欧美国家。

不过，除了上述种种鼓舞人心的迹象，我们还应想到，印度的出口是在非常低的基础上发展壮大的。印度贸易，特别是与邻国的贸易，还大有可为。印度北邻中国和巴基斯坦。

中国同为金砖国家，重要性自不待言；巴基斯坦人口近2亿，同样不容小觑。印度东北部为孟加拉国，人口过亿。印度领导人只要抛开自由贸易的顾虑，就可能提出在2020年前建立次大陆自由贸易区的举措，增加印巴贸易甚至会成为两国结束敌对关系的金钥匙。我常常看到印度人瞧不起巴基斯坦，为此我震惊不已。他们说我幼稚可笑，自由贸易纯属痴心妄想。但是，身为欧洲人，我看到，法国和德国在20世纪两次世界大战中是不共戴天的敌人，但现在却成为欧洲货币联盟的核心伙伴。法德两国永不再战的意愿促使它们在经济领域携手合作。总有一天，印巴两国同样也会化敌为友。

另外，印度和中国的贸易关系取得了显著的进步。为了减少对印贸易顺差，2010年，中国承诺购买更多的印度产品。两国双方数据表明，中国从邻国购买的铁矿石、汽车和药品越来越多，这说明举措产生了效果。可是即便如此，2010年，印度同中国的双边贸易只有560亿美元，相比之下，印度同欧盟的双边贸易却达到800亿美元。

世界其他国家似乎也对印度抱以极大的热情。2010年，美国总统奥巴马、英国首相卡梅隆、法国总统萨科齐纷纷率领大型代表团来到印度。这些国家的企业对印度的光明前景感到格外激动。近来，以商务部部长夏尔玛为首的印度贸易官员是全世界最活跃的，他们在中东、非洲、拉丁美洲以及欧洲和亚洲各国商谈双边协议。全世界反应积极。英国财政大臣奥斯本在2010年时说："印度的贸易投资自由化政策正在使印度融入世界经济，让印度重新获得300年前的影响力。"

不过，印度要做的事情还有很多。在世界银行的经商便利性、反贪反腐力度、透明度等指标中，印度的排名仍然非常低。据世界银行的排名报告，凡是想从印度出口商品的人，每次出货都必须提交8项文件，平均历时17天。相比之下，新加坡出口商只需提交4项文件，历时5天。印度的基础设施仍需要庞大的投资，仍需要建立更为先进的公共债券和企业债券市场为其提供资金。另外，印度还需要降低出口壁垒和外商直接投资壁垒。

印度的进口固然在日益上升，但印度政治家仍过于担心外来竞争和关税减让。印度要想发挥潜力，就需要大量进口，不管是澳大利亚和印度尼西亚的自然资源，还是英国的教育。印度的进口处理越顺利，经济的增长就越快速。另外，改善基础设施和医疗体系也是加强各项事务的关键，事关印度的未来。

外国投资者也许很希望到印度发展的，但一看到法律法规处处设限，使他们很难在印度企业持有重要股权，自然而然就会畏惧退缩。印度政治领导人明白，印度需要用外商直接投资来刺激经济增长，但似乎又害怕让更多的外国人进入印度市场，担心引起民众的不满。

农业和零售业是两个无法忽视的领域，引进外国技术和投资有利于农业和零售业的发展。多年来，沃尔玛、特易购和家乐福一直想进军印度市场，但丝毫未能取得任何有意义的进展。印度一群中间商通过数以百万的小商店和手推车将农民与消费者相连。这群中间商组成强大的团体，说服政府官员不让西方大型连锁店进入印度。这些大型连锁店最多只能向印度零售店提供技术援助。也许，最终改变这种态度的会是居高不下的食品价格。外资企业可以从印度食品供应链压缩出惊人的效率，它们只需通过冷藏运输等先进技术，即可减少浪费、降低价格。不过，这仍然要看政府官员有没有勇气对付那些在现有体制下繁荣起来的商人，他们在农民那里抽取佣金，推高消费价格，但在供应链的改善上却没有多少贡献。

我曾与印度财政部的一位高级官员讨论过这一问题。他直截了当地对我说，与特易购和沃尔玛竞争丝毫无益于经济增长，反而有可能让印度人失去工作。这种目光短浅的思维方式让人深感遗憾：允许外资进入无疑会改善印度人的消费体验，提高印度农业产业的效率和生产率。

我到印度的次数越多，我对印度的挑战思考得越多，我就越容易得出这样的结论：印度的问题跟生活中的很多问题一样，是思想状态的问题。提高教育水准、促进贸易、鼓励外商投资、提高农业生产率等问题，归根结底只有一个问题：领导问题。如此简单而又如此困难。印度是一个极难领导和治理的复杂国家，印度要想改变，要想进步，就必须对如此多的领域下手。

我发现，把印度和中国放在一起比较，极具启发意义。两个国家人口相当，然而，中国作为社会主义国家，在大步前进；印度，却常常挣扎不前。

中国

我第一次来北京是在1990年，途中经过台湾。这也是我第一次到台湾。我记得当时看到的情景完全出乎我的意料。在台北，灰色的高楼鳞次栉比，单调乏味。相比之下，走在北京酒店附近的大街小巷，我常常看到一些集市，很多人在那里买卖东西。我第一次感受到，中国内地一点儿也不像我在西方时的想象。看来，中国的故事还有很多精妙细微之处有待发掘。

我喜欢到中国旅行，享受中国人的乐观精神。我在西方常常听人说，生活在中国的人愤世嫉俗、态度消极，对未来失去了憧憬和希望，但来到中国后，我改变了看法。我喜欢待在这个被13亿人环绕的地方，他们内心充满渴望，努力追求更多的财富。有时，人们对我说，我应该把中国从金砖四国中剔除掉，因为中国本身已经具有举足轻重的地位；有人说，假如我把中国从金砖四国中剔除出去，当然就不会有其他三个金砖国家的故事了。他们的说法不无道理。中国是我们这一代最了不起的故事。我到中国的次数比我到其他三个金砖国家加起来的总次数还要多。

毫不夸张地说，不仅13亿中国人，我们每一个人都与中国息息相关。中国的成功，让整个地球，让我们65亿人口都获益匪浅。我1995年进入高盛公司时，中国的经济总值大约为5 000亿美元。短短15年增长了10多倍，实际GDP增长率平均超过10%。2001年，中国的GDP大约为1.5万亿美元，低于英国和法国。今天，中国的GDP远远超过了这两个国家，而且，中国还在2010年超过日本，成为世界第二大经济体。中国完全有可能以近10%的速度继续增长10年，将2000~2010年的势头一直保持到2020年。不过我觉得，保持如此高的增长率可能会越来越难。但是，稍微放缓步伐，也许有利于决策层提高对增长质量的重视，而不再以单纯的数量取胜。这当然会对我们每个人都产生非常重要的影响。

我们也许常常担心欧元区的债务危机，但中国的一举一动更会关乎世界经济的命运。

和其他金砖国家一样，中国也充斥着一些言论。我有位朋友在《泰晤士报》当记者，他对我说，如果我想了解当代中国，就必须去中国走一走。

在2003年金砖四国经济增长预测报告中，我们预测中国将在2039年成为世界最大的经济体。当时，很多人都对此嗤之以鼻。目前在哈佛大学任教的尼尔·弗格森（Niall Ferguson）教授就是其中的代表之一。他说，我们的预测差不多是他见过的最荒唐的事情。就像当时以及之后的很多人一样，他认为，我们只是根据过去增长的推断来预测中国。然而事实并非如此。（此后，我和尼尔越来越熟。当然，他改变了自己的想法，只不过，我不知道这跟我有没有关系。）我们写道，中国不必保持10%的GDP增速，就能超越美国。中国完全能以较低的速度增长，同时仍能成为世界第一。㊀

从那以后，我们多次讨论了中国和美国的发展速度问题。2008年，我们说，中国将在2027年成为世界最大的经济体。几个月后，《经济学人》杂志将赶超时间再度推前，认为中国将在2020年超过美国。要想做到这一点，中国必须以10%的速度一直增长到2020年。这并非不可能，但希望不大。人民币对美元一直在快速升值，假如未来的升值速度更快，那么从理论上说，中国经济增长的美元值就会更高。不过，真要以如此快的速度增长，不可能是一朝一夕的事。

㊀ 此为高盛的分析和预测。

2010年年底，中国的经济规模，按可比美元计算，仍然只有美国的1/3。

我们将2003年的研究报告特意命名为《与金砖四国一起梦想：通往2050之路》，一方面是让大家明白，我们不保证预测结果的准确性，但同时也想鼓励人们思考中国等金砖国家崛起并挑战七国集团世界经济霸主地位及影响力的可能性。八年过去了，中国或将成为世界最大的经济体这一观念已经得到了广泛的认同。

最先能够了解中国的西方人是那些国际商务人士。他们经营着零售帝国、产品帝国和通信帝国等大品牌跨国公司。他们频繁出入中国，能够看到中国内地上发生的事情。但凡经常出差的人，都会切身感受到中国的变化。我在20世纪90年代初第一次到中国时，只有我和少数人有黑色豪华轿车来北京机场接待我们。进城的交通工具主要是自行车和手推车。我还清楚地记得，两辆人力手推车在路上相撞，水果和蔬菜散落满地。我们不得不停下车来，坐着等待。八达岭是距离北京最近的长城，路途大约有70多公里，但最后一截是泥路。最近，我和妻子再次来到八达岭，那条泥路已经变成了高速公路。我们就住在长城边上的一家精品酒店里。我第一次来时，北京只有一条巨大的环城公路。今天，环城公路已经有八条，最外面的一条几乎要到达长城了。

当然，中国经济取得巨大增长的关键在于中国人口众多。

20世纪80年代初，中国政府下定决心与国际接轨时，中国经济开始焕然一新，并在20世纪90年代和21世纪头十年以越来越快的步伐加速发展。数百万人口拥向城市，为中国发展成为全球制造基地做出了贡献，这些人也从中受益。不过，我们发现，在2008年，世界再也无法维持原状了，而且，从全球的角度来看，仅仅拥有世界最多的人口是不够的，这些人还需要具有良好的素质才行。

我在第2章中讨论过，众多劳动人口提高生产力是实现持续、强劲增长的关键因素。在这一点上，中国确实存在一些问题。中国的劳动人口正在步入老龄化阶段，很快就会达到最高峰，使中国陷入意大利、日本甚至俄罗斯等国所面临的困境。2011年4月，中国发布了2010年全国人口普查报告。报告说，中国内地人口总数为13.4亿，比2000年增长了约740万。从2000年起，中国人口年均增长仅0.6%。相比之下，1990~2000年，中国人口年均增长1.1%。尽管国家统计局局长将减速成果归功于独生子女政策，但这反而凸显了一个更为严重的问题：年轻人口的数量正在急剧下降，只有16.6%的人口低于14岁，大约是20年前的一半；与此同时，65岁以上的人口占据9%的比例，大约是20年前的两倍。按照这个势头继续发展20年的话，中国的人口结构将会发生重大变化，中国的劳动适龄人口将会出现下降，中国的GDP增长将会减缓，中国未来的经济增长将不如过去20年强劲。

增长迟早要放缓，问题是放缓多少，如何平稳地放缓。中国政府在“十二五”规划中宣布，从2012年起，实际GDP增长率目标下调到7%左右。相比之下，在“十一五”

规划中，实际GDP增长率目标为7.5%，尽管如此，实际结果却达到了近11%。在接下来的5年中，规划目标和实际结果的差距不太可能像以前那么大了。政府对未来5年增长目标的预期只是总体愿望，并非硬性目标。不过，本届政府调低目标，说明政府认识到了某些困境，多多少少反映了政府愿意追求更加温和、更加优质的经济增长。

另外，中国也可以采取其他措施来抵消人口增长放缓的负面影响。根据人口普查结果，中国城镇人口比重从36.2%上升到近50%。若以其他发达经济体为参照的话，中国仍有2.6亿、约20%的人口要涌向城市。这几乎相当于美国全国人口的城市化。我前面说过，城市化会对GDP增长产生非常积极的作用，因为在城市化进程中，人们会以更快的速度竞相改善生活，互相分享知识。

不管怎样，要想实现经济增长，劳动人口就需要在勤奋工作的基础上提高生产率。中国接受高等教育的人口数量正在快速上升，这将成为中国经济强劲增长的重要动力。中国的科研人员正在以惊人的速度开始跻身世界一流科学家和工程师之列，这充分说明关键领域的生产力正在与日俱增。随着中国更多的人口涌向城市，提高这些人口的生产力、适应力和创造力就显得非常必要。

随着人民币持续小幅度升值，到2050年，中国GDP将达到70万亿美元，人均GDP约5万美元，大约是2011年的12倍。中国人要想成为世界最富裕的人群仍然还有非常漫长的道路要走，不过，GDP达到这一水平时，中国肯定拥有世界最多的百万富翁。

2003 年，我们在研究报告中提出，中国总有一天会成为世界最大的经济体，这让很多西方人无所适从。即使后来有了更多的经验证据，但这一观点仍未得到普遍的认可。全世界早已对美国的经济霸主地位习以为常。且不说社会主义国家，任何其他国家取而代之都会让某些人心神不宁。这时，我们就得问上一问：中国取代美国，究竟会带来怎样的改变？中国长期以来一直是世界人口最多的国家。所以，有朝一日，中国成为世界最大的经济体，不足为怪。其实，中国在很多个世纪以前，一直是世界最大的经济体，所以，将来有一天，中国重振昔日辉煌，又有何不可？卢森堡的经济规模不如德国，却毫无怨言，其他人为何要对中国耿耿于怀？中国释放其经济潜能，我们到底在害怕些什么？

首先担心的恐怕是政治问题，但中国人没有这种感觉。只要政府能让国家兴盛起来，中国人似乎就愿意接受当前的政治形式。我觉得，中国到最后成不成为西方人心目中的民主国家并不重要，重要的是中国的未来能否进一步的发展。美国黑石集团（Blackstone Group）咨询服务部副主管拜伦·韦恩（Byron Wien）在 2011 年春天访问印度和中国时，记录了一件非常有趣的事：他问一群中国人对不能直接参会投票作何感想。一个人告诉他："投票有什么了不起的？在美国，人人都能投票，可只有一半的人投票。假如投票真的那么重要，那么人人都应该投票才对。"

很多人都认为，中国的兴盛必然会造成西方的衰落。

这完全是无稽之谈。（我会在第 7 章中探讨这一看似棘手的问题。）中国长期持续增长与中美两国 GDP 的相对比值没有关系。国际贸易意味着，美国和中国都将从中国的崛起中获益。

看一看中国的增长环境分数，就不难找到原因。中国在宏观经济层面的总体得分非常乐观。中国在稳定通货膨胀率、对外财政状况、政府债务、投资水平、对外贸易开放度方面具有不错的得分。在微观层面，中国同样超过了大型发展中国家的平均水平。低于平均水平的只有两个方面：反贪反腐和某些与技术应用相关的领域。毋庸置疑，中国对此正在迅速改观。

当然，中国的 GDP 永远无法超越美国的可能性是明显存在的。20 世纪 80 年代，日本超越美国几成定局。日本企业席卷全球，日本投资者不但买下纽约洛克菲勒中心，而且屡次把印象派画家作品的拍卖价格炒到历史新高。然而，这些没能成为经济走强的标志，反而成为日本资产泡沫的征兆。当资产泡沫崩溃时，日本便开始了长达 20 年的通货紧缩，而且还在持续。现在，很多人看到中国房地产价格充满泡沫，自然会说中国正在步日本的后尘。

中国同样不愿意实行浮动汇率制，这和 20 世纪 80 年代的日本一样。当时，日本为了保护出口制造业，人为压低了日元汇率。无奈之下，美国只好威胁道，若日本不让日元升值，就禁止日本产品进入美国市场。针对中国，美国同样可能会采取类似的举措。假如未来几年美国工业生产没有出现实质性回暖迹象，失业率仍旧居高不下，而中国却以强劲势头持续增长，美国定会以禁止中国产品相威胁，这将使中国的出口商品面临严重下滑的危险。

由以上不难看出，中国可能遭遇日本式失败似乎有根有据。不过，对于这种简单的比较，我不敢苟同。在某些地方，中国和日本同样存在天壤之别。即使在2011年地震灾难后的今天，日本看起来仍然是一个相对拘谨、相对封闭的社会。我到过日本很多次，通常都住在美国驻日大使馆隔壁的大仓酒店。你要想使用酒店里的健身房，就得在一个人那里登记，然后到另一个人那里领衣服，最后再由第三个人带你去。获得许可和健身本身一样困难。日本人注重细节向来为人称道，但另一方面也造成了服务业人力资源的巨大浪费。日本人极少使用英语，所以要到处走动很不容易。

相比之下，中国人为加强与外界的沟通，在商业、政治、旅游等领域采取了更多的积极措施。我到中国来，常常对看到的中国人留下深刻的印象。在西方游客的眼中，与日本形成了鲜明对比的是，中国有如此多的人懂英语或者正在快速地学英语，所以我们不用翻译就能正常交流。中国人非常渴望交流，西方游客对此表示高度赞赏。你能在生活中的很多方面感受到这一点。若干年前，我和妻子沿着桂林附近的遇龙河骑车旅行。当我们骑到一个小村子时，我在一面破旧的墙壁上看到一个大公告牌，上面写着："成功的英语铸就成功的人生。"寥寥数语，却足以说明中国人掌握英语并借以实现抱负的强烈愿望。从更宽泛的意义上讲，这也意味着中国人愿意融入世界，而不是故步自封在自己的文化里。这是我很多次旅途中见过的最有力的证据之一，对于我们每个人、对于我们全世界都有重要的意义。

另外，中国人总是一副居安思危、生怕出错的样子，这同样给我留下了深刻的印象。按照常理来说，这些应该由我来操心才对。但是，我很高兴地说，中国人为我分担了很多忧虑。两三年前，我曾给一群中层决策人员和管理人员做过一场报告。报告完后，有三个人走上台来问我是否担心中国的房地产泡沫。这与西方投资者的忧虑可谓不谋而合。看到中国人如此重视这个问题，我感到非常高兴。这与20世纪80年代末的日本完全不同。当时，日本各类资产几乎都存在泡沫，可是决策者拒不承认。日本最高决策层对潜在问题完全持否认态度，最终阻碍了日本的发展。然而，中国却在十年前就知道自己的金融体制需要改革。因此，他们从世界各地聘请6位杰出的银行专家组成咨询委员会，为中国出谋划策。这种他山攻玉的愿望，这种有错必改的决心，这种实事求是的作风，让我对中国感到耳目一新。

看看2011年夏天中国共产党建党90周年的新闻报道，就会让人心驰神往。不妄加评论别国行动，集中精力发展自我，维持国内稳定与繁荣，是中国引以为傲的。中国的领导集体看待问题、解决问题是冷静客观、不偏不倚的。

中国面对的挑战，就像中国的任何事情一样，是巨大的。环境保护问题是必须尽快解决好的大问题。

投资支出过高，效益过低，不具有可持续性，和20世纪80年代的日本一样，这也是中国饱受批评的又一原因。据报道，与世界几乎所有的经济体相比，中国投资占GDP的比重确实偏高。为平衡起见，人们普遍认为，个人消费占GDP的比重与投资的相对水平应当提高。不过，问题并没有这么简单。

中国大部分投资都进入基础设施。最近扩建的北京机场，其投资结果是好是坏？是否比伦敦希思罗机场第五航站楼的投资更浪费？还是像美国机场航站楼扩建一样，最后不能为旅行带来半点方便和舒适？对经常坐飞机的我来说，北京机场扩建是一项有利的举措。同样，中国大城市周边的很多新路虽然现在都没有交通流量，但并不可能永远这样下去。我前面说过，中国目前有50%的人口居住在城市里，另有20%会随之涌入城市：这2.6亿人需要住房、交通等基础设施。尽管北京机场在2008年刚刚扩建，但我已经听到有人说北京机场不够大的事情了。假如你生活在伦敦，看到希思罗机场要想增建一条跑道有多么困难，看到M25绕城高速公路每天有多么拥挤，你就会感慨英国为何没有好好采取中国投资基础设施的某些做法。

中国的房屋建筑固然存在空置现象，但我不同意很多人表现出来的担忧情绪，因为随着中国人的城市化，这些空置房屋迟早会被住满。假如中国的城市化水平已经接近70%，我肯定会更加担心过度投资的问题：随着中国逐渐城市化，投资步伐更需要放缓。不过，按照目前的情况来看，中国的投资已经为经济进一步增长打下了基础。中国取得目前的成就，既没有造成严重的通货膨胀，也没有破坏国际收支平衡，而且这种良好局面似乎还将继续保持下去。

关于害怕中国房地产崩溃的问题，我的解释大体上跟上面一样。众所周知，美国对冲基金经理、著名的卖空大师吉姆·查诺斯（Jim Chanos）对中国的经济前景十分悲观。他说，中国的房地产泡沫是“迪拜的1 000倍或更甚”[6]。我实在想不出有什么比这更稀奇古怪的对比了。中国还远远没有达到完全的城市化，对住房似乎有着巨大的潜在需求。迪拜国内人口稀少，看着房地产泡沫逐渐成形，人们很容易产生质疑。在房地产和基础设施问题上，中国的领导人高瞻远瞩，提前谋划，走在了普通民众的前面。所以，有时看上去产能过剩，但很快就会得到填充。到过北京的外国人，常常会谈到空置的办公大楼。多年来，我也经常在中国看到空置的办公大楼，但它们很快就被填充满了。

如果非要怀疑的话，我会仔细研究以下事实：中国年轻人的城市化水平目前已经达到60%，高于全国平均水平，距离饱和更接近了。六七年后，农村也许再无年轻人留守。由于中国男女比例失衡、出生率低，农村没落将更能成为严重问题。如果农村人口真的倾巢而出，城市化也已经完成，正在建造的房屋和办公室无人填充，倘若这些都是真的，那么我会高度担心产能过剩的问题。但前提是，你总得让我相信，这些都是真的吧。

有一点我们不能忽视，那就是中国人的财富正在快速增长。我看到，2009 年年底，中国有 5% 的人口，大约 6 500 万人，达到了年均收入约 3.5 万美元的水平，而且这些人主要集中在大城市。这相当于英国或法国的财富。倘若果真如此，那么上海、北京某些地段的房价如此之高，就不足为怪了。由于现阶段中国这些新富阶层的投资领域没有欧美国家那么广阔。中国的金融市场不够健全，这意味着，在有限的投资领域中，房地产往往就是最佳选择。

中国政府也在想方设法防止房地产崩溃。为了刺破房地产泡沫，中国政府采取的措施肯定多于美国政府在2001～2007年采取的措施。2009年以后，中国政府开始限制购买二套房的贷款比例，某些城市甚至对投机商进行严厉打击。这些举措似乎在某种程度上降低了房地产市场的热度。

另一个反复出现的问题是，中国经济增长过于依赖出口外销。20世纪90年代和21世纪头十年，中国利用廉价劳动力，确实吸引了世界各地的跨国集团，这些跨国集团急于满足西方国家特别是美国对较便宜的消费品的庞大需求。中国出口商品激增，加之投资活跃，这些都成了中国过去20年经济腾飞的关键。2007年有一段时间，中国仅仅对美出口就占到GDP总量的12%。当然，这是不可持续的。一旦外部出现剧烈震荡，这类经济体就一定会陷入困境。2008年，全球爆发信贷危机，美国经济衰退，中国肯定受到了严重的冲击。

不过，从长远来看，我认为，这次冲击对中国有好处，它会促使政府出台更多政策，推动国内消费，实现经济平衡发展。中国不可能永远依靠出口和公共投资来维持经济增长。把主要增长模式转移到国内消费的提高和增强上来，对中国来说，是一件好事，对世界其他国家来说，也同样是一件好事。

2007年以来，很多事情发生了变化。中国的贸易顺差开始急剧下降：其占GDP的比重从2007年的11%左右下降到2010年的3.8%。另外，那种认为中国的增长是以牺牲其他国家为代价的观念，也是完全错误的。2010年，中国对产品和服务的进口总额接近1.4万亿美元，比2009年增长了4 000亿美元。而美国在2010年对产品和服务的进口总额为2.3万亿美元。按照目前的发展速度，中国的进口总额将在未来5年内超过美国。一旦中国开始大幅降低贸易顺差，那些说中国出口导致西方失业、动辄以贸易保护相要挟的奇谈怪论将不攻自破。

不难看出，未来5年，中国决策层对于经济增长将由重数量转向重质量。质量型增长意味着中国将提高个人消费在整个GDP中的比重，采取措施改善医保和养老问题，改善城市流动人口的合法权益，提高能源效率，集中精力开发替代能源等。关于能源这部分内容我将在第5章中讨论。经济增长每到转折关头，中国都会面临新的挑战。不妨把自己想象成中国人，那么到2030年时，你就会看到自己一年的财富从6 000美元增长到2.4万美元，短短20年，翻了两番。财富增长必然伴随着社会变迁。

2011年7月，两辆高速列车在中国东部相撞，导致35人死亡。很多人认为，这起让人痛心疾首的动车事故足以让中国政府清晰地认识到，凡事不能都以速度而论，今后坚决杜绝大干快上的现象。看到人们对这起事故的及时应对后，我更加确信，中国将更加关注质量，更加关注可持续性，经济增长将步入新的发展阶段。

我在商界阅历广泛，深知问题和危机在所难免。因此，真正重要的是，如何正确解决问题和危机。中国的环境问题非常严峻，可是中国政府毫不妥协，同样在采取非常严厉的举措。在发展清洁技术方面，中国恐怕是世界上最积极的国家。中国下定决心要减少石油和天然气的使用。关于短期政策，中国最大的问题是通货膨胀。通货膨胀将给中国经济带来一系列的问题。正是因为如此，中国政府目前正在采取积极措施，减少对经济的过度刺激，降低货币供给量的增长速度，同时千方百计地控制通货膨胀。

不过，也许这只是一代人的问题。我看到中国的年轻人，倾听他们的谈话，感受他们的活力，我就立刻恢复了以往的乐观。我对中国的未来仍然充满了向往，就像我第一次来北京时那样。

第4章

新成长型市场

金砖四国及其他人口大国已经成为重要的经济力量，这使我相信，世界经济将会越来越强盛，越来越健康，而不像某些人担心的那样。世界经济对七国集团的依赖程度正在日益下降，不再是我初入高盛公司时的那般情景。对于如今面临挑战的七国集团来说，这是一种解脱。中国等金砖国家的崛起并非没有引起其他新兴经济大国的注意，且不说其他，单单中国的骄人成绩就已经促使其他国家积极融入世界，探索振兴经济的灵丹妙药。

早在2001年和2003年，很多人对我们只挑选出4个快速增长的金砖经济体表示不解。这就促使我们认真研究其他国家的增长机会。于是，我们在2005年《金砖四国有多稳固》（*How Solid are the BRICs?*）的研究报告中提出了“新钻11国”的概念，借此描述11个人口众多的新兴经济体，研究它们的增长潜力。我们特地对这些国家进行了衡量，看看它们将来能否出一些像金砖四国一样举足轻重的经济体。

虽然N-11国没有特别密切的关系，但这11个国家都是发展中国家，都拥有庞大的人口。如果这些国家充分参与到全球经济中来，就会表现出惊人的潜力。N-11 国包括若干截然不同的国家：拉丁美洲的墨西哥、欧亚交界处的土耳其、中东的埃及和伊朗、非洲的尼日利亚以及遍布亚洲的六个国家——孟加拉国、印度尼西亚、韩国、巴基斯坦、菲律宾和越南。

墨西哥和韩国是经济合作与发展组织（OECD）的成员，是目前 N-11 国中收入水平最高的国家，因而非常引人注目。特别是韩国，人均 GDP 和增长环境分数都很高，与其说它是发展中国家，倒不如说它是发达国家。由于墨西哥和韩国不同于其他 N-国，因此，在预测 2050 年世界最大的经济体时，都少不了这两个国家。我们把金砖国家的预测方法运用到 N-11 国后发现，到 2050 年，墨西哥将成为世界第六大经济体，与俄罗斯不相上下；印度尼西亚、尼日利亚和韩国将超过意大利和加拿大。不过，除了墨西哥和韩国，其他 N-国对全球经济增长的贡献则完全达不到金砖四国的水平。

从人均收入来看，我们预测，韩国将超过目前七国集团中除美国以外的所有国家；墨西哥将和俄罗斯一起共同达到发达国家的收入水平；土耳其以及中国和巴西将达到美国目前的水平。在其他 N-国家中，有些国家不具备金砖国家的庞大人口，因此要想在未来赶上发达国家的水平，就必须提高生产力。像孟加拉国、印度尼西亚、尼日利亚这些国家确实具有强大的人口优势，如果能够提高生产力，就能实现经济快速增长。可是即便如此，孟加拉国、尼日利亚由于目前经济规模过小，仍然很难赶上金砖四国的水平。印度尼西亚似乎具有非常好的条件，但同样需要大幅提高生产力。

我们在 2005 年研究了 N-11 的增长环境分数，结果发现不同国家之间的差异巨大。韩国得分极高，而尼日利亚、巴基斯坦、孟加拉国的得分极低。有些国家的弱点只涉及特定的某个方面，例如，越南需要降低政府赤字，土耳其必须提高技术应用能力，加大国际贸易的开放力度，伊朗则需在得分较低的政治体制上有所改变。埃及、印度尼西亚、菲律宾、孟加拉国、尼日利亚、巴基斯坦等国，从财政纪律到教育、投资率、医疗保健等各个方面，都表现欠佳，因而面临着广泛的挑战。我们认为，即使 N-11 朝最乐观的方向发展，也只有韩国和墨西哥能够产生像金砖四国一样的影响力。

从 2005 年起，N-11 的增长环境分数取得了不断的进步，虽然幅度不同，但都表现出要坚持发展经济的愿望。虽然 N-11 未必都能成功，但确实值得我们关注。我们当初选择这些国家，不是为了挑选赢家，我们只是想了解真实增长与潜在增长的评估方法，进而判断这些国家能否达到金砖四国任何一国的实力。

展望 2050 年，我们为 N-11 拟订了三条不同的发展道路。[1]我们认为，第一条道路适合韩国、墨西哥和土耳其，这些国家的收入水平和发展水平已经相当高，增长条件也不错，它们只需要保持并改善这些条件，就可以变成世界最富裕的经济体。第二条道路适合另外两个传统的新兴大国：印度尼西亚和菲律宾，它们需要加快发展步伐，缩小与第一组国家的差距。第三条道路适合那些缺乏投资者关注的国家，例如埃及、尼日利亚、巴基斯坦、孟加拉国、伊朗和越南。

第三组国家，特别是越南、尼日利亚和孟加拉国，差别很大，但这些国家都具有不同寻常的潜力，值得投资者关注。

尽管N-11中只有两个国家有能力跻身世界最大的经济体，但这些国家的增长故事却都非同寻常。

我们仔细研究了七国集团、金砖四国和新钻11国，希望能对2050年做个展望。在预测中，我们发现，这些国家可以分为以下几组：富国俱乐部、中上等收入国家、中下等收入国家以及低收入国家。富国俱乐部人均年收入达6.5万美元以上，包括俄罗斯、韩国以及七国集团中除意大利以外的所有国家；中上等收入国家人均年收入介于4万~6.5万美元，包括意大利、墨西哥、中国、巴西和土耳其；中下等收入国家人均年收入介于2万~4万美元，包括越南、伊朗、印度尼西亚、埃及、菲律宾和印度；低收入国家人均年收入不足2万美元，包括尼日利亚、巴基斯坦和孟加拉国。这样考虑有助于我们提前做好规划，看清世界哪个区域将继续增长，其财富是如何提高的，提高到什么程度，其人口又是如何承担起消费者角色的，我们希望这些对投资者和企业也有同样的帮助。

2011年年初，我决定进一步完善我对世界最活跃经济体的研究。我与安娜·斯图普尼特斯卡、詹姆斯·瑞斯德（James Wrisdale）两位同事合作，共同发布了新的研究报告，提出了“成长型市场”（growth markets）的概念。[2]我们看到，在这些最活跃的经济体中，有些经济体的重要性正在与日俱增，所以我们决定将这些国家从传统的新兴市场范畴中脱离出来。每个成长型市场至少要占到全球GDP的1%。这就是说成长型市场要具有足够的规模和资源，不但要真正做到自食其力，而且还要对世界其他国家产生直接影响。在 N-11 中，我们看到，印度尼西亚、墨西哥、韩国和土耳其已经具有足够的 GDP，而且占世界 GDP 的比重似乎也在逐渐上升。所以我现在认为，应当把这些经济体和金砖四国统称为“成长型市场”。

我们认为，成长型市场是指具有适当的人口和生产力增长势头、能以高于世界平均水平实现经济增长的国家。另外，成长型市场还要具备优于大多数新兴市场的增长环境，具备国际投资者所需的金融基础设施、市场规模和市场深度。成长型市场需要提供大量不同的短期投资机会。

在 N-11 中，尼日利亚、菲律宾、埃及、伊朗等国目前尚不符合这些条件，但假以时日，它们就可能成为成长型市场，南非等其他国家也是如此。尼日利亚和菲律宾可能将于 2040 年中期达到足够规模，埃及于 2050 年达到足够规模。其中，有一个国家最终还可能超越韩国，超越这个即将跻身发达市场的国家。我们提出成长型市场这一概念，目的是帮助大家认识这些经济体的重要性，减轻人们到这些国家投资和做生意的担忧。

成长型市场国家 2010～2019 年的名义 GDP 总额估计能增长到 16 万亿美元，大约是美国增长额度的四五倍，这是最简单，也是最能证明成长型市场力量的方法。在这些增长总额中，至少有 3/4 来自金砖四国，而在金砖四国的增长总额中，其中又有一半来自中国。在成长型市场中，另外四个国家，其增长总额也达到了美国或欧元区的水平。坚持认为这些国家仍然属于新兴市场，似乎已经不合时宜。

成长型市场不是对金砖四国的扩充，而是一个全新的概念，不过，媒体在一开始时可能存在某些误读。我们的团队认为，“新兴市场”这一称谓再也无法充分体现全球经济中某些关键地区的动态情况了。

金砖四国和N-11都拥有庞大的人口。这些人口加起来将近40亿，几乎占全世界总人口的2/3。如果这些国家都能采取积极措施，努力提高生产力，实现可持续增长，那么它们就会拥有更加美好的未来——这对我们每个人来说都是利好消息。

那么，这些经济体之间都有哪些区别，我们又该如何看待这些经济体呢？

下面，我先来下个定义：一个真正的金砖经济体应当已经占有或者有能力占有全世界5%的GDP。在四个金砖国家中，目前只有中国达到了这一标准。不过，巴西正在靠近，印度和俄罗斯也会在未来10年左右达到标准。

相比之下，N-11的差异比较大。有些国家非常发达，有些则非常不发达。其中七个国家仍然规模很小或发展速度不够快，我们只称其为传统的“新兴市场”。但总有一天，其中一些国家会突破障碍，即使不能与金砖四国相提并论，但至少也算得上成长型市场。

N-11国集团已在商界树立了独特的地位，受到投资者的密切关注。有些人似乎以为我们制造了高深的哲学概念，但我们只是想用这个词语来描述11个新兴国家，这些国家的共同特点就是人口众多。

N-11 的概念得到如此广泛的传播，让我有时候感到很尴尬。最近发生的一些事情和投资想法都绕不开 N-11。2011 年 3 月，我应邀到意大利科莫湖畔参加一个重要的年度会议，除了参与世界经济小组讨论，我还要主持会议，同 N-11 各国重要人士探讨“N-11”。但我很快就接到新的通知，要去中国参加另一个重要会议，因而未能参与讨论。不过，从这次高层聚会可以看出，N-11、成长型市场这两个概念正在快速成为国际社会的兴趣焦点。

在 N-11 中，印度尼西亚、墨西哥、土耳其和韩国似乎因为不能与金砖四国平起平坐而颇有微词，这本无可厚非，只不过，这些国家没有一个达到我的基本标准，况且称谓也不便于改来改去。

我们在提出 N-11 的概念时，墨西哥似乎是最理所当然的入选者。我最初开始思考金砖集团时，曾认为墨西哥是个有力的候选者。墨西哥人口相当庞大，我当时以为墨西哥完全有可能在 2050 年达到巴西或俄罗斯一样的规模。但我现在认识到，当初幸亏没有把墨西哥纳入金砖国家。在过去十年中，油价上涨，墨西哥虽为石油生产大国，但 GDP 增长却非常微小，让人匪夷所思。

另外，金砖世界已成为一个政治俱乐部，某些成长型市场的决策层也希望自己成为俱乐部的一分子。印度尼西亚就是人们常常讨论到的候选者。印度尼西亚决策层很喜欢对我说，印度尼西亚具有有利的人口结构、庞大而富有朝气的年轻人口、强劲的增长周期、相当稳定的通货膨胀、日益增长的国民财富和消费愿望。他们认为，到2015年，印度尼西亚的年均增长率将达到9%，完全可以与金砖国家相提并论。

且不说9%，印度尼西亚只要能够保持目前6%的增长率，保持稳定的通货膨胀优势，我都会感到喜出望外。印度尼西亚目前的经济规模只有俄罗斯或印度的一半。要想达到金砖国家的最初水平，印度尼西亚就需要大幅提高生产力。且不说追赶发展壮大后的金砖国家，印度尼西亚要想赶上不久以后的俄罗斯，都必须让经济急剧增长。我完全看不到印度尼西亚有任何潜力能够占到世界5%的GDP。不过，有一点可以肯定，那就是印度尼西亚等成长型市场将会对全世界产生越来越重要的经济影响力。

不管是不是N-11国家，经济体的总体规模与人均财富、经济体的增长潜力，都会成为争论不休的话题。我从这些讨论中得出一个简单的结论：金砖四国以外的其他国家要想成为真正的金砖国家，就需要同时具备庞大的人口、经济强劲增长的证据和较高的增长环境分数。没有这些，就不可能成为经济大国。在N-11中，孟加拉国、尼日利亚、巴基斯坦虽然拥有庞大的人口，但各个方面的增长环境分数几乎都很低，丝毫没有表现出经济起飞的迹象。

在N-11中，有些国家具有较高的增长环境分数，但不是人口较少，就是当前GDP规模不大。韩国的增长环境分数高于德国和美国，但由于没有足够的人口，经济规模不可能达到德国或美国任何一国的水平。越南也有较高的增长环境分数，但经济总额不到 1 000 亿美元。

就在 2011 年年初我们发布研究报告、阐述成长型市场概念之前，我同《金融时报》的记者聊了聊我的看法。本以为这是私下谈话，孰料第二天早晨醒来一看，《金融时报》赫然写道《金砖四国的创造者为 N-11 国集团添新成员》。我想，N-11 中四个有关国家的媒体肯定会小题大做一番。果不其然，第二天，大多数韩国媒体得到消息后，纷纷打电话、发邮件，要求我就此事发表评论。

也有人表示，高盛公司，特别是我，喜欢制造新鲜焦点，引人注意，从而吸引投资。他们认为我创造出“成长型市场”一词，纯属营销噱头。第二天，《金融时报》Lex 专栏写道，创立于 2005 年、用以跟踪金砖国家股票市场的摩根士丹利金砖四国指数表明，从我创造出金砖四国一词开始，一直到 2007 年 10 月世界市场达到顶峰之际为止，按照美元计算，金砖四国的股市收益为 625%，相比之下，新兴国家的股市收益为 499%，发达国家的股市收益为 74%。人们很容易推断出，我对金砖四国的划分在某种程度上对市场产生了影响，10 年后，我会另外找出四个国家，故伎重演。

但是，在提出成长型市场的过程中，我不想雄心勃勃非要找出新的投资策略不可。我和同事只是认为，从经济角度来看，仍把这四个经济体归入新兴国家一类，似乎有失公正。我前面已经说过，在未来十年中，金砖四国的 GDP 总量将增长 16 万亿美元左右，几乎是美国经济增长额度的 5 倍，对世界经济增长的贡献是美国和欧元区总和的2倍，而且，其他国家很快就会加入到这个快速增长的行列中。

非洲梦想

人们普遍建议我把金砖四国（BRICs）改成金砖五国（BRICS），用这个大写的S代表南非（South Africa）。有些人认为，应该改为BRICA，用A代表非洲（Africa）大陆。据透露，2011年年初，南非获邀到北京参加第三届金砖国家元首年度会议。由于这个原因，关于南非加入金砖国家的争论开始明显增多。有些评论员认为，南非是非洲最大、最富有的经济体之一，自然应当成为金砖国家。另外，南非具有大宗商品生产大国的重要地位，与某些金砖经济体特别是巴西和印度有着长期的贸易关系，而且，南非已经是20国集团的成员国了。

关于金砖国家政治俱乐部，我会在后面章节探讨。不过，只要考虑到经济标准，就很难把南非看成真正的金砖国家，甚至把南非看成成长型市场都很难。南非达到这些经济体规模的机会微乎其微。

虽然南非目前是非洲最大的经济体，但其经济总量只有3 600亿美元，大约占到全球GDP的0.5%。规模只有印度尼西亚或土耳其的一半，而且，与大多数N-11经济体相比，南非不具备强大的人口优势。南非人口不足5 000万，远远低于N-11中除韩国以外的所有国家（韩国人口5 000万，如果与朝鲜实现南北统一，人口将另外增加2 000万）。2011年中期，南非的失业率为24%。南非人口本来就不多，其中又有很大一部分处于失业状态，这样的国家很难发展壮大。

虽然我认为南非不够庞大，不足以成为金砖国家，但我并不否认南非在非洲地区的重要作用。其实，把南非纳入金砖国家也许是出于政治原因，南非可以作为非洲大陆的代表。（其他非洲大国是否认可此举是另外一回事，但其根本原因是合情合理的。）当然，非洲整个大陆足够庞大，完全可以视为金砖国家。单单11个非洲最大的国家，就相当于印度或俄罗斯的规模，而且到2050年的总体潜能也与之不相上下。如果非洲大陆可以当成一个国家，那么我们也许可以考虑BRICA的说法。

当然，从金砖四国和N-11经济体中，我们不难看出，潜力和现实之间往往存在着巨大的差异。正因为如此，增长环境分数分析法才会显得如此重要。例如非洲，其增长环境分数就需要明显提高甚至大幅提高。2010年，非洲11大经济体的平均增长环境分数为3.8分，比N-11和金砖四国的平均值低了整整1分。非洲有些国家由于政治动荡、腐败、统治不力或统治严苛、低教育水平、科技使用有限的原因，增长环境分数极低。

除非非洲大陆提高这些方面的分数，否则其潜力就永远无法变成现实。但凡成功的经济体，增长环境分数都不会如此之低。巴西和中国目前是两个最大的金砖经济体，增长环境分数都在5分以上。即便如此，巴西和中国的增长环境仍不足以让它们发挥出全部潜力。但不管怎么样，巴西和中国的情况要远远好于大多数非洲国家。

如果非洲领导人采用了巴西、韩国等国的最佳方法，那么从理论上讲，非洲国家提高增长环境分数并不会特别困难。通货膨胀目标制简单明了，是易于实行且收效显著的政策。南非就在几年前实行过。把保持较低而稳定的通货膨胀水平列为重要举措，是提高透明度的明确信号。对于很多非洲国家而言，提高透明度本身是不可或缺的一步。

由于某些非洲国家取得独立的时间并不长，加上治国成绩不佳，微观经济方面的改善举措就显得更加重要，也更加复杂。非洲国家领导人应当以改善微观经济指标为迫切目标，从民众的愿望和需求出发，大力提高教育水平，改善医疗保健，提高预期寿命，增加手机和电脑的使用，提高治国方式的稳定性和持续性。

常言道，人口决定命运，倘若果真如此，那么非洲国家的发展前景将会更加火热。2011 年，联合国发布 2100 年世界人口预测修订版。亚洲人口将达到世界总人口的 60%，这和今天的情况一样，但非洲人口却会出现膨胀。1975 ~ 2000 年，非洲人口从 4.16 亿上升到 8.11 亿。到 2025 年，非洲人口将达到 14 亿。到 2100 年，非洲人口将达到惊人的 22 亿。除了众所周知的人口大国尼日利亚、埃塞俄比亚和刚果以外，到 2050 年，坦桑尼亚人口将上升到 1.38 亿，肯尼亚将从 4 700 万上升到 5 900 万，乌干达将超过 1 亿。

非洲经济增长的最大困难来自于增长环境分数。如上所述，金砖四国的平均分数为 4.9 分，N-11 的平均分数为 4.7 分，但非洲前 11 个国家的平均分数仅为 3.8 分，非洲大陆的总体平均分数更是低到 3.5 分。得分较高的国家有摩洛哥

(5.5分)、埃及(4.2分)、南非(4.9分),得分较低的国家如津巴布韦(2.9分)、刚果(1.7分)。从总体来看,在180个国家中,非洲国家的增长环境分数大都排名靠后。非洲国家要想发挥经济潜能,就需要在各个方面取得更大的进步。

不过,尼日利亚已经向我们证明了能够采取的措施有哪些。我最近碰到了尼日利亚财政部部长塞贡·阿贡加(Segun Aganga),他在高盛公司资本市场小组工作,时间至2010年为止。阿贡加随身携带尼日利亚的增长环境分数,让我感到很高兴。阿贡加对我说,他正在筹划一项营销活动,借以宣传尼日利亚要在2020年将增长环境分数提高到世界前20强的雄心壮志。

尼日利亚是非洲人口最多的国家,占非洲总人口约20%的比重,在非洲有着举足轻重的地位。阿贡加对尼日利亚寄予厚望,也让我对这个人口大国的经济前景充满信心。到2100年,尼日利亚的人口很可能会超过美国。尼日利亚有一群政治家似乎下定决心要铲除令人深恶痛绝、长期制约经济增长的腐败问题。尼日利亚的增长环境分数虽然在N-11中排名倒数第三,但已经在过去13年中翻了一番。倘若增长环境分数能在未来13年中再翻上一番,那么尼日利亚就能顺利发挥本国的经济潜能。

另外,先进的技术也会产生积极作用。移动无线技术促进了非洲各地教育、银行等基础服务的快速发展。倘若这一势头能够继续发展壮大,那么尼日利亚等国就能跨越以往发展的必经阶段,以前所未有的速度实现经济增长。在未来几年里,这将是一个非常积极的故事。这也再次提醒我们,步履蹒跚的美国和西欧远非世界的全部。

增长环境即使稍有改进，也会对一个国家的增长轨迹产生巨大影响。我们估计，尼日利亚出台若干举措，经济增长率已提高 2 个百分点。倘若增长环境分数提高到最佳水平，那么经济增长率还能另外提高 4 个百分点，这个幅度非常大。当然，产生作用的因素有很多，但只要在提高透明度、开放度，改善经济增长环境的同时，扩大非洲中产阶级的规模，就会在未来若干年内造就伟大的经济奇迹。

我在撰写本书时，埃及发生了很多重大事件。短短两个多星期，埃及总统穆巴拉克就被迫辞去了国家领导人的职务。事件的引端原本只是“仿效”突尼斯骚乱。但埃及民众的抗议活动迅速演化为大规模示威游行。他们反抗数十年来的高压统治，似乎在要求一种更多机遇、更多希望甚至更多民主的生活。

埃及何去何从孰难预料。埃及的走向对很多方面来说都非常重要，尤其是在中东安全问题上有过特殊的历史作用，因此，而如今，阿拉伯世界这个人口最多的国家却发生了动乱。在示威抗议中，我们没有看到焚烧美国国旗或反抗西方的迹象。我们主要看到的是，埃及人用上互联网和手机后，突然看到别人拥有那么多好东西，于是自己也想拥有。另外，他们对食品价格高涨、就业机会缺乏、基础设施破旧、官僚作风过重等极为不满。正是因为有了互联网和手机之类的社会化媒体，埃及民众才有机会迅速了解突尼斯发生的一切，才有机会通过网络讨论确定共同目标，才有机会就共同目标展开行动。

2011年1月，埃及发生动乱时，我立即查看了它的增长环境。埃及属于N-11国家，拥有8 000万人口。埃及经济总值只有2 000亿美元左右，因而在N-11中算不上大国或富国。埃及有着巨大的发展潜力，目前发生的事情也许会对大多数北非国家和中东国家产生有利的作用。埃及的增长环境分数为4.22分，在N-11中排名第8位，仅仅高于尼日利亚、孟加拉国和巴基斯坦。在过去十年中，埃及的增长环境几乎没有任何改善。无论是从政府赤字、财政状况等宏观经济层面看，还是从技术应用、政治安定等微观经济层面看，埃及的得分都不理想。看看电视上的抗议者，就不难明白他们对经济多年停滞有多么失望和不满了。

由于世界各地金融市场的风险利差在不断上升，人们开始担心这些骚乱会不会蔓延到中东各国，会不会对油价造成影响。我的看法是，假如这些骚乱结束后，埃及改善了增长环境，提高了百姓福利，那么这些抗议就是有价值的。

以埃及为例，其增长环境分数如此之低，持续时间如此之长，难怪老百姓最后忍无可忍，要求改换领导层。新技术的普及让埃及民众很容易看到中国在过去若干年发生的变化——财富翻了两番，也就产生了相同的诉求。我常常在这些增长环境分数中看到很多政治事件和经济事件。如果新政权能让领导层承担更多的责任，能让老百姓享有更多的机会，那么这就是非常好的变化。不仅对埃及如此，对整个中东地区也是这样。

大国还是富国

我常常想，很多西方观察人士对金砖四国和 N-11 的巨大潜力感到“害怕”，认为它们的经济增长是以牺牲西方国家为代价的。然而，实际情况并非如此。不仅这些国家的潜力还只是潜在性，如果真的成功，对世界其他国家都是有好处的。

人们很容易忽略一点，那就是只有提高了增长环境分数和生产率，金砖国家才有望发挥其真正的潜力。如果金砖国家做到了这一点，我就有足够的信心相信经济学中的观点：国际贸易对我们每个人来说都是双赢的局面，至少从总体来看确实如此。国际贸易中有一条非常基本但又十分重要的原理：各国根据绝对优势进行专业分工，并参与贸易；国际贸易使贸易各方都能获益。金砖四国以及 N-11 的崛起极大地促进了国际贸易，进而对世界其他国家产生积极影响。

我们同样还要牢记，富国与大国不可等同。近几十年来，美国一直是世界最大的经济体。但以人均财富而论，美国不是最富裕的国家。百慕大、卢森堡、瑞士以及大多数斯堪的纳维亚国家都比美国富裕得多。美国变大，并没有对这些富国产生威胁。相反，由于国际贸易，美国的经济增长反而让这些国家变得更加富裕。中国等金砖国家以及更多国家的兴起，同样也会产生相同的效果。

倘若以未来财富而非总体 GDP 来看待人口大国，那么今天的大型发展中国家里，能够达到发达国家富裕程度的，并没有多少。让人意想不到的是，金砖国家里的俄罗斯，有机会跻身富国之列，甚至很有可能达到欧洲经济大国的水平。在 N-11 中，韩国和墨西哥若能发挥潜力，想必也能跻身十大富国之列。

其他国家都不可能接近当今富裕国家的富裕程度。不过，有些国家的人均 GDP 可以达到某些富国的人均 GDP 水平。中国很有可能在 2050 年成为特大经济体，并在此后不久达到美国的 2 倍，但中国的富裕程度可能只有美国的一半。印度的富裕程度最多也只能达到美国的 1/4。

成长型市场的崛起

只要稍微看一下德国近年来的经济成就，就不难看出，成长型市场的崛起能够产生非同小可的作用（见图 4-1）。德国是出口大国，国际贸易的增长对德国的繁荣至关重要。德国对某些金砖国家的出口正在急剧增长。德国对金砖四国的出口已经超过其对法国的出口。在撰写本书时，中国有望在几个月后成为德国第三大出口市场。倘若这种势头继续保持若干年，尽管法德两国更加亲密，但德国对华贸易仍将超过对法贸易，这是非常了不起的进展。

很多人仍然认为，这些国家并非我所说的增长引擎。我可以把同样的理论放在过去历史的任何时期进行验证。他们说，但是这些国家崛起成为成功的经济大国还是不会发生的。我在前面解释过，我们返回 50 年前，用金砖四国模型进行检验，我们看到，很多亚洲经济体的实际规模超出了模型的预测。

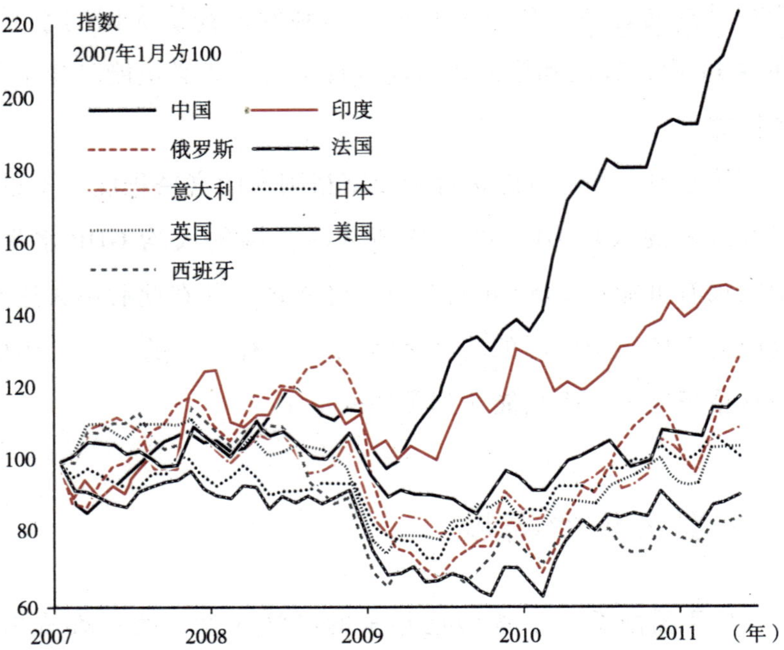

图 4-1 德国 2007 年以来的出口格局变化

资料来源：Haver Analytics，Goldman Sachs calculations.

金砖四国和 N-11 必须把提高增长环境分数列为主要目标，必须出台各种政策使之达到韩国的水平。如果这些国家做到了这一点，那么 2050 年的宏伟图景就不难实现。韩国的增长环境分数高于七国集团中除加拿大以外的所有国家。倘若其他成长型经济体也能达到韩国的水平，那么我敢肯定，我们每个人的生活都将变得更加美好。

金砖四国除了根据本国国情制定重要政策之外，还要关注技术这一共同要素。在未来 50 年中，技术会对经济发展产生更大的支持作用。通信技术的新进展意味着全球化进入前所未有的新阶段。经济国界正在消融，各个国家能够轻易参与国际商务和国际市场。这对 20 世纪 80 年代方才加入世界经济的中国和俄罗斯来说，是特别新鲜的事物。第二次世界大战后中俄两国排斥西方思想和经济政策的时代已经过去，13 亿中国人和 1.4 亿俄罗斯人开始迈入消费型社会。

且看曼联网站拥有 7 000 万中国会员，麦当劳餐厅、时装店在中俄两国各大城市蓬勃发展，奢侈品销售大幅扩张到金砖国家及身在海外的金砖游客。

中国亮相国际舞台，会对其他国家产生非常重要的意义。比如，印度单凭本国的某些重要优势，就能拥有光明的前途，但中国的骄人成就，引起印度决策层的注意，促使印度更广泛地融入世界经济。

中国的成功同样鼓舞了 N-11 国家。正因为如此，我对世界的未来充满信心。成长型经济体在提升本国潜力的同时，也提升了我们的潜力。在过去 10 年中，主动参与国际贸易，采纳西方良好的宏观政策（自从全球信贷危机后，对西方宏观经济政策的怀疑可能越来越多），是各个金砖国家取得进步的极大动力。我们只需看一看通货膨胀目标制是如何改变巴西的，就很容易明白这一点。

今天，很多人摆脱了贫困，步入中产阶级的收入水平和生活方式，经济实力正在稳步提升，然而，地球的资源却将面临前所未有的压力，而这正是我要在第 5 章中探讨的内容。

第5章 资源是否充足

几个世纪以来，人们只要想到地球人口越多、可供分配的资源越少，恐惧感就会油然而生。18世纪，英国学者马尔萨斯在举世闻名的《人口论》中描绘了一幅形势严峻的图景。在书中，马尔萨斯介绍了人口与生活资源的紧张关系。他写到，人口一旦过多，流行病、饥荒、战争、极度贫困等形式的苦难与罪恶就会接踵而至，直到人口与生活资源重新恢复平衡。

今天，很多人看到金砖四国的崛起后，会认为马尔萨斯的担忧变成了现实。如此多的新兴人口，如此大的食品需求、能源需求和消费品需求，势必要颠覆全球的资源供给。倘若由我绘制的2050年金砖四国之梦不能变为现实，这些人认为，那是因为匮乏的资源无法满足嗷嗷待哺的新兴世界。其他人也有相关但不相同的担忧。他们认为，经济快速增长会加剧气候变化，导致世界生态严重破坏，最终迫使我们放慢速度。认同这些观点的人指出，2000年以来，很多大宗商品价格持续上涨，既反映了供给的有限，也反映了需求的日益迫切。他们用这一信息来佐证他们的想法。

毋庸置疑，资源是金砖四国经济增长的关键，同时也是金砖四国与世界各国建立关系的关键。正因为如此，2004年，在2050年金砖四国预测报告中，我的同事分析了能源市场特别是石油市场的情况。分析发现，假如金砖四国在2005～2050年能以我们预测的速度增长，那么能源资源的供给和需求就会出现严重失衡。[1]

2004年，我还撰文指出，中国在拉动需求增长方面起到了至关重要的作用。[2]中国目前是最大的金砖国家，中国对资源的需求将继续推高石油等诸多大宗商品的价格。但是，如果中国的经济增长远远落后于我们的预期，或者中国在采用传统能源供给的同时，通过应用新技术、提高效率或开发替代能源，找到了其他出路，那么上述情况就不会出现。不过，我在研究这个课题时，尚无迹象表明中国决策层有意寻找这些替代办法，但到2010年，中国决策层的观念发生了变化，我对未来大宗商品价格的看法也随之改变。我认为，大宗商品价格的长期牛市未必会像我2005年时预料的那样强劲。其实，我比以往任何时候都更愿意站在乐观主义者的一边。这些人认为，马尔萨斯的深远忧虑过去从未发生过，在可预见的未来也不会发生，原因就在于技术。

人类历史一到紧要关头，任何迫在眉睫的问题都会找到解决办法。最常见的例子就是19世纪末困扰美国城市的马粪危机。据报道，1900年，纽约10万匹马平均每天产生的粪便达250万磅。街道上盖满了粪便，空气中充斥着苍蝇。

《泰晤士报》推测，到20世纪中期，伦敦将被埋在约2.7米厚的马粪下，城市的未来吉凶难卜。然而，机动交通工具的到来挽救了城市的命运。顷刻之间，整个马粪问题消失得无影无踪。在此特别感谢亨利·福特等人的丰功伟绩。

我不是说金砖四国的资源需求很容易得到满足，我也不想淡化目前存在的问题。但我坚信，科学创新、高明的政策和市场能够提出解决办法，帮助我们避免灾难论者预言的种种劫难。随着国家的富强和个人的繁荣，这些都会促使工商企业努力寻求推动未来发展的新思想和新技术。

经济学家在研究今天的供需问题时，犯了一个错误：没有回顾历史模式，或者没有关注未来。2001年，在我构造出金砖四国一词后，人们普遍认为，大宗商品行情糟糕，价格只跌不涨。我与很多能源或大宗商品行业的经理聊过天，他们对新投资项目都非常谨慎。这些总裁常常说到20世纪70年代和80年代初的情况，并据此推断未来的原油价格会在每桶35美元左右。这就是他们进行各项投资的依据。然而，2001年年末到2011年年初，国际货币基金组织全球大宗商品指数上涨了4倍。

2005年1月，我有幸参加欧洲某重要能源公司的高管年会。我发表演讲，讨论了金砖四国之梦和世界经济。随后，我与另外两位嘉宾应邀同该公司总裁一起探讨我们的观点。当时，原油价格大约为每桶42美元，总裁问我对油价一年内不下跌到28美元以下有多大把握。他的担忧是能源和大宗商品界高管的缩影。这些高管担心，如果因为价格上涨而增加投资，那么当供给增加、价格下跌后，他们就会陷入困境。大多数人宁愿稳稳当当，发放高额股息、回购股票，也不愿意把钱花在资金投入大、回报周期长的产能扩建上。人们对大宗商品价格波动的这种合理反应，也许就是大宗商品价格如此高的一个原因，说来有些无奈。

我在学生时代已发现，如果用经济逻辑来思考大宗商品的价格，到最后很容易走火入魔，丧失理智。

我认为，正确区分实际趋势和干扰因素是非常重要的。做到这一点向来困难，但却是优秀的分析师最终能够脱颖而出的重要标志。20 世纪 80 年代初，很多经济师普遍认为，未来会与刚刚过去和现在的一模一样。他们没有正确认识到供给和需求对油价的反应。从短期来看，供给和需求不会出现太大的变化。虽然石油输出国组织可以在短时间内增加或降低石油产量，但开发新油田、建设大型石油运输与提炼设施需要耗费较长的时间。从长远来看，国家、企业和个人通过开发新能源、改变消费习惯，最终会对能源的供给和需求产生重大影响。油价当然受供需关系的影响，但油价本身也能影响供需关系。油价越高，用油取暖、开车上下班的人就越少。要让全社会都发生这样的变化，需要时间。但如果油价居高不下，那么整个社会就会做出改变。从经济角度来看，长期供需弹性高于短期供需弹性，甚至高于很多经济师所认知的。我没有理由怀疑这种经历将会再次上演的可能性。2011 年，看到中国供给和需求对较高能源价格的反应后，我想到了 20 世纪 80 年代初全球能源的供需状况，那时我刚刚完成这方面的博士论文。

在这种观点下，我们需要重新审视 2004 年那几位同事所做的预测。他们看到，由于中国、印度、巴西和俄罗斯的需求在不断增长（巴西和俄罗斯的增长程度相对较小），

2005～2020年，世界石油需求平均每年将增长2%，明显高于过去20年平均每年1.4%的增长幅度。其他大宗商品，情况也是大同小异。不过，到了2020年以后，需求将稳定下来。他们的推理依据是经济理论以及韩国、日本的经验证据。这些经验证据表明，一个国家人均GDP从非常低的水平开始增长后，其能源使用将会增加。当人均GDP达到6 000美元（按2003年计算）左右时，能源使用将达到最高点。随着人均财富的增长，能源使用的增长速度将逐步放缓，最后与发达社会的增长速度趋于一致。

对此，经济学家的解释是，能源使用增长速度呈S形曲线，开始较慢，然后加速，最后放缓，进入能源效率提高后的成熟阶段。另外，经济学家还采用了购买力平价（PPP）的概念。购买力平价理论认为，在不同的市场，相同的产品应当有相同的价格，而且应当通过汇率反映出来。例如，6 000美元这一数据就来源于2003年的美元购买力。今天，这一数据应为7 500美元左右。用外行的话来说，购买力平价理论可以表述为，在纽约购买一杯咖啡的价格换算成欧元后，同样能在巴黎购买一杯咖啡。按照购买力平价法，2011年，中国人均GDP约为7 500美元，印度稍显落后，约为3 300美元。

为何S形曲线会存在？其中一种解释是，首先"发现"财富的人，可以随意购买动人心弦的新奢侈品。在发展中国家，人们的经济水平提高后，首先要买的就是汽车，这便立即增加了对能源的需求。我在前面说过，2011年我从北京机场到市中心的经历与20年前截然不同。1991年，数以百计从郊区到市区来的自行车和满载果蔬的手推车是最大的障碍。今天，最大的问题是汽车和交通拥堵，这是西方国家很多大城市都在经历的问题。这类问题将在中国很多城市出现，也将在印度很多地区发生。老百姓只有增收致富，并以平常心对待财富时，才会开始把注意力从消费转移到能源效率上来。

很明显，金砖四国要达到S形曲线顶端，减缓能源使用，还有一段路要走。中国正在接近这一目标，但印度仍然任重道远。在那之前，能源和大宗商品市场在平衡供需关系方面将面临严重考验。到一定时候，人们就会感受到世界资源不足的问题。大宗商品价格不断上涨，仿佛要引发一段时间的高通货膨胀和经济波动，就像20世纪70年代一样。我们已经看到，急需大宗商品的金砖四国正在同世界各地的大宗商品生产国建立新的联盟。这些联盟拉近了盛产大宗商品的巴西、俄罗斯与中国、印度的关系。中国也开始迎合非洲各地的大宗商品生产者，也正因为如此，金砖国家政治俱乐部才会欣然接受南非加入。南非本身就是个非常重要的大宗商品生产国，同时也是中国和印度挺进非洲的立足点。

除此之外，我还认为，其他因素也将大大改变资源价格、大宗商品价格以及消费需求的上涨趋势。例如，中国和印度的增长速度或许达不到我的预期。在未来20年，世界增长的强劲趋势高度依赖于中国和印度。假如中国和印度，特别是中国，未能达到预期的增长速度，或者提前找到了更高效的能源消费方式，跨越了其他相同发展阶段国家必经的阶段，那么2005~2020年全球能源需求预测就需要向下调整。我听人说过，无论中国和印度发生了什么，世界对资源价格和可用性的压力都将持续不变。我觉得，这话很难令人信服。中国和印度对能源和资源的整体需求稍有变化，都会给大宗商品供给产业造成重大影响，或者至少对供需关系的需求方面产生重大影响。在未来几十年中，世界经济将取决于金砖国家和美国的经济增长。日本、欧洲将有所放缓，甚至中国和俄罗斯由于人口老龄化，经济增长也将放缓，但巴西、印度和美国的人口似乎将长期增长下去，它们一起将对世界经济增长产生决定性影响——这将对世界能源的需求产生重要影响。所有这些似乎都在暗示，世界能源价格将出现剧烈改变，人们担心世界将面临资源枯竭危机，但是，问题并没有这么简单，很多问题都将取决于生产企业和能源用户的决定。

读者可曾记得，2005年，能源公司的那些高管认为，石油的均衡价格㊀在35美元左右，他们担心油价不会维持太高的水平。结果，很多人都非常不愿意投资。到2011年，由于35美元早已成为遥远的回忆，而且油价已有多年远远高于这个水平持续多年，很多人改变了看法，认为我们已经达到了新的更高的均衡价格。他们也许是对的，但也可能不正确，就像我多年前读博时发现的一样。今天，油价如此之高，能源企业就会受到鼓舞，追加投资，扩大生产，消费者也会寻找其他产品，替代昂贵的石油。如果出现这种情况，那么不出多久，凡是认为今天油价达到新平衡的先见之论都将变成无稽之谈。

2004年以来，另一个重要变化是，中国和印度都在积极支持替代能源的开发，而且最近有继续加大之势。毫无疑问，

㊀ 均衡价格是商品的供给曲线与需求曲线相交时的价格，也就是商品的供给量与需求量相等，商品的供给价格与需求价格相等时的价格。——译者注

中国的工业化和城市化是当前大宗商品价格与生产进入“超级周期”的主要原因。但是，没有人愿意为能源和大宗商品付出昂贵的代价。因此，中国除了拓展传统石化燃料的供给之外，还积极实施了再生能源的投资与支持计划。西方批评者指着中国的城市污染、河流污染等问题说，中国的经济增长不具有可持续性，但中国的领导人同样也看到了这些问题，甚至比那些远在他方的批评人士感触更深，他们正在抓紧时间，积极寻找对策。

中国计划在2020年将碳排放量降低到2005年的40%～45%。[3]中国环境与发展国际合作委员会（CCICED，以下简称国合会）联席主席康韦爵士（Sir Gordon Conway）在2009年11月的《金融时报》[4]上撰文指出，中国将走上低碳经济之路。他写道：“中国领导人深感形势紧迫，遵循传统的经济模式已不可取，资源、社会和环境等方面的限制使这一模式难以为继。另外，中国领导人还看到了危机，经济的快速增长将把中国限制在工业发展和城市发展中，不利于构建低碳世界。”因此，在中国领导人的要求下，国合会提出三种情景。第一种情景：中国不改变当前的能源消费模式，到2050年，中国排放的二氧化碳将达到近130亿吨，大约是今天的2倍，已经超过美国和加拿大的总和。第二种情景：中国到2050年将二氧化碳排放量控制在90亿吨。第三种情景：中国让二氧化碳排放量在2025年达到最高值，然后在2050年下降到50亿吨，相当于美国今天的排放量。

康韦写到，降低排放的关键是“解除经济增长对温室气体排放的依赖”。这就意味着，中国需要通过建设低碳城市和交通系统、改造工厂等全方位的增效计划，使单位GDP的能源消耗到 2050 年降低 75% ~85%。中国可以提高石化燃料的利用效率，扩大再生能源、核能的使用，控制高含碳气体的排放，防止空气污染。中国认为，增效计划不仅可以提高空气和水的清洁度，降低对石化燃料价格波动的依赖，还可以在低碳世界建立自己的竞争优势。我们看到，这项政策目标宏伟，计划详尽，远远走在了美国各项政策的前端。

倘若我们把中国实施低碳举措的潜在效果考虑进来，我们就会看到 2050 年中国油耗预测发生了有趣的变化。按照国合会的报告，假定中国成功开发再生能源，到 2030 年能够满足 50% 的能源新需求，到 2050 年能够满足 100% 的能源新需求，那么这将会对我们的全球石油需求预测产生重大影响。2004 年，我们预测，到 2050 年，世界每日油耗量为 7 520 万桶。假如中国实现了目标，那我们的预测值就需要调低 20%，即 2050 年世界每日油耗量只有 6 000 万桶。假如印度也实现了类似的目标，那么 2050 年世界每日油耗预测又要再调低 2 000 万桶。

中国采取积极的低碳举措，让我感到非常振奋，这必将极大地促进能源供给的可持续发展。然而，大宗商品市场的专业参与者并没有加大对中国能源计划的关注力度，我心里有些不解。换了我，我肯定会密切关注中国的能源计划，及时了解政府在能源方面的进展。2011 年 5 月，每周出刊的《中国日报》欧洲版用头版加四个整版来探讨电动汽车的话题。报道中探讨了中国未来对汽车的巨大需求，也提到工业和信息化部的目标预期：登记车辆数要从 2011 年的 7 000 万辆增长到 2020 年的 2 亿辆。政府宣布，要在未来 10 年中，投资 15 万亿美元，促进电动汽车的发展。此前，在 2010 年，政府承诺，电动汽车到2020年要增长到2 000万辆。中国的重要部门国家发展与改革委员会称，中国希望补贴4 000余万辆电动汽车。目前，北京、上海等各大城市正在开展试点工作。

电池成本高、行车里程有限，是电动汽车面临的两大问题。有鉴于此，中国正在全力扶持电池产业的发展。由于中国的汽车主要在城市里行驶，每天的行车里程不超过60公里，因此，中国认为，电动汽车完全有希望像iPhone一样，不但切实可行，而且使用方便。中国集中力量发展电动汽车，全世界都能从中获益。（我本人投资入股了瑞典一家小型太阳能公司，我听说，中国对此也有着极大的兴趣。）

然而，中国要实现节能增效的宏伟目标，绝不是轻而易举的事情。增加替代能源、电动汽车的使用，说起来容易，做起来难。中国有一半的人口生活在农村，其中有1/3要在未来20年涌入城市，但真要实现这一目标，仍是困难重重。不过，前面已经说过，中国的中央政府有着强大的领导力，因此，在这一优势下，中国能够更好地完成其他国家不好完成的艰巨任务。

在大宗商品市场中，巨大的价格压力对世界经济的很多方面造成了影响，世界形势变得错综复杂起来，就好像20世纪80年代，价格上涨后，应对举措自然产生。今天，类似的情况有可能再次出现。当然，这要看各个国家在应对挑战时的协调与合作了。

第6章 消费

现在我来到中国的感觉是否和19世纪中期到加利福尼亚淘金的感觉一样，这里有太多的未知数、太多的不确定性。游戏的规则没有完全明确。但是，每个人都能看到机遇，每个人都想跃跃欲试。在19世纪，加利福尼亚发现金矿后，很多美国人背起行囊，积极响应“年轻人到西部去”的号召。到了21世纪初，那些寻求机遇的人，必定会来到东方的亚洲，以及南方的拉丁美洲和非洲。

金砖国家消费水平日益上涨，是金砖国家取得快速发展的有力标志。消费和外国直接投资是GDP的组成要素，是我最关注的部分。我可以从中看出一个国家的发展水平、该国国民的财富增量和购买选择、该国经济的对外开放程度等。发展中国家国内消费快速增长，充分预示了该国经济的稳定与长期增长。外国直接投资增长，也说明了世界对该国经济增长的信心。

很多趣闻逸事，都足以证明金砖国家日益增长的消费实力。2009年夏天，我和妻子来到美丽的旅游胜地瑞士英格堡，那里完全可以作为《音乐之声》的背景。出发前，我们听人说，很多宝莱坞[⊖]电影都是在英格堡拍摄的，英格堡也就成为印度游客非常喜爱的度假地点。我们到英格堡后，果然发现每趟滑雪缆车上都有上山看风景的印度人。在主缆车处，甚至有一辆大篷货车在卖印度食品。两年后，也就是2011年的春天，我们再次来到瑞士。在去洛桑市参加《金融时报》奢侈品会议之前，我们先来到莱迪亚布勒雷。在这个季节，小镇是寂静的。它不像冬天，有很多人来滑雪，也不像夏天，有很多人来徒步旅行。我们走到一处叫皮永峡谷的景点。在这里，你可以坐缆车上到海拔3 000米的地方，然后去看瑞士最高的山脉。上下一次，每人要77瑞士法郎。按照当时的汇率，我们两个人要花掉113.66英镑。我们觉得不值，于是徒步上山。不用说，山顶又阴又冷，云雾缭绕，看不了多远，所以我们径直下了山。不过，在这次经历中，我发现，无论是山下的缆车入口处，还是山顶的高级咖啡馆，我们周围尽是印度人。我刚给我和妻子买完票，就有一位印度绅士递上600瑞士法郎现金，给他和几个朋友买票。在山顶的咖啡馆里，100多个印度人在那里消费，即使只能看到云团，也玩得很高兴。

在下山回来的路上，我们看到缆车上有一则汇丰私人银行的广告。广告的背景应该是香港或上海的图片，广告的口号是，汇丰银行是世界最好的"新兴市场银行"。在整个爬山的路上，我一直在想金砖国家消费者日渐富裕的事情。假如印度在未来40年中确实能使财富增长40倍，那么我们到

⊖ 宝莱坞是位于印度孟买的广受欢迎的电影工业基地的别名。印度人将"好莱坞"（Hollywood）打头的字母"H"换成了本国电影之都孟买（Bombay）的字头"B"，把"好莱坞"变成了"宝莱坞"（Bollywood）。——译者注

瑞士爬山时，就不再只有瑞士咖啡馆和印度美食车了。届时，地道、一流的印度餐馆将与传统的欧洲餐馆并行排列。无论是滑雪还是爬山，你都能在瑞士土豆饼和印度咖喱饭之间随意选择。

在伦敦，高端房地产市场几乎完全由外国购买者拉动，其中很多来自金砖国家。今天，巴西人将迈阿密南部的海滩套房抢购一空。某些富裕的中国人出动到巴黎和东京旅行购物。近年来，俄罗斯游客成了欧洲知名景点的固定人群。在1月的前两个星期，俄罗斯游客成群结队，或到法国圣特罗佩开游艇，或到法国库尔舍瓦勒滑雪，来庆祝新年和东正教圣诞节。他们还将买房范围从伦敦、滑雪胜地、法国南部扩大到希腊和土耳其。金砖国家的国际游客最终将达到数百万，欧洲甚至美国都将从中获益。

经济数据同样有力地证明了金砖国家消费水平的快速增长。2010年年底，金砖四国的消费总量达到5万亿美元。同年，美国为10.5万亿美元，欧洲为9.5万亿美元，日本约为3万亿美元。不过，很明显，不同国家，消费的增长速度迥然不同。2000年，金砖四国的消费总量仅为1.4万亿美元。因此，短短十年间，消费增长了250%。只要这一增长势头能够保持到2020年，金砖四国的消费市场将达到12万亿美元以上，超越美国易如反掌。

2010年12月，我与同事安娜·斯图普尼特斯卡合作，共同撰写研究报告，探讨了2010~2025年金砖四国消费总量的增长情景。[1]我们在第一种情景中，假定人均消费占整体GDP的比重与过去10年保持一致。那么，到2025年，金砖四国的消费总量将增长4倍，达到16万亿美元以上，超过美国的消费市场。其中，中国的消费总量占到一半，实际值将近10万亿美元。印度的消费总量将增长到3万亿~4万亿美元，位居第二。

第二种情景较为乐观。我们假定金砖经济体将会增加国内消费，降低出口依赖，那么随着GDP的增长，消费占GDP的比重也将增加。以中国为例，我们预测，消费占GDP的比重到2015年将增长到43%，到2025年将增长到55%。在这种情景下，金砖四国的实际消费将增长5倍，中国一国的实际消费将于2025年超过美国。[⊖]若按名义价值计算，中国的消费总量将达到20万亿美元。金砖四国的消费总量平均每年将增长2万亿美元，到2025年将增长到35万亿美元。我和安娜把金砖四国消费增长的宏观经济预测运用到某些重要的消费市场后发现，如果这些预测正确无误，那么汽车、奢侈品、旅游等行业将成为金砖市场的主体。

无论是从理论上讲，还是根据实际经验，这第二种情景的可能性都要更大一些。在发展中国家，我们往往会发现，随着财富的日益增长，耐用消费品支出的增长将呈S形曲线。这与能源需求的增长趋势是一致的（详见第5章）。英国、美国、日本、韩国，无一例外都遵循这样的增长方式。人们认识到自己的财富，企业生产买得起的产品，这些都需要一定的时间。不过，消费习惯一旦养成，消费市场将会迅猛发展。将这一模型运用到金砖四国特别是中国后，我们自然就能预测到，消费品需求将出现惊人的增长。用这种标准衡量的话，中国目前大致相当于1980年的韩国，消费正处在即将

⊖ 此为高盛的分析与预测。

腾飞的阶段。

将这种方法运用到汽车行业后，我们将更加充分地认识到，消费市场存在着巨大的商机。到2050年，中国拥有的汽车数量是美国的2倍，印度几乎是美国的3倍，巴西将超过德国和日本的总和，俄罗斯将超过德国。高盛公司资产分析师预测，2020年以前，全球汽车业增长的大头来自金砖四国。据他们估计，到2020年，金砖四国购买的汽车数量约为5 000万辆，占全球汽车总数的70%。其中，中国占了一半。因此，我们不难看出世界各大汽车厂商如此看重金砖市场的原因了。戴姆勒、宝马、奥迪等德国知名汽车厂商都在急剧发展。一辆高质量的德国轿车已经成为消费者社会地位的重要象征。若是换了其他商品，这些消费者一定会考虑再三。通用汽车公司过去曾是美国实力的象征，如今却成为以对华业务为主的公司。此外，日本铃木公司也在大举进军印度市场。

我与汽车经理交流过后发现，他们对全球经济的关注在过去十年中发生了变化。在20世纪90年代，汽车经理希望了解我对汇率的看法，以及美元、日元或欧洲货币的剧烈波动会不会影响到他们的利润率。而最近几年，汽车经理则希望听我对金砖四国的预测，从而更好地了解金砖市场的风险与机遇。我从业以来第一次看到，满怀希望的汽车经理超过了忧虑不安的汽车经理，而且很多人都面带笑容。

以中国为例，很多跨国公司最初来到中国，是为了充分利用其廉价的劳动力。它们看到，通过降低成本，就有机会提高利润率。不过，这些企业留在中国的理由，却并非当初来到中国的理由。随着工资的上涨，中国制造业的劳动力成本优势正在逐渐消失。如今，跨国企业只有拥有最强的品牌，才能拥有最大的商机。今天，中国人口众多且不断增长，他们不仅有意愿，而且有能力购买想要的产品。我也是在与法兰克福的同事交流过后，才完全明白这一点的。这位同事想在妻子生日的时候，买辆宝马送给她，好给她一个惊喜。当他联系了当地的经销商后，才知道他要等6个月才能拿到自己想要的车型，因为中国对这款车型的需求非常高。宝马公司有位经理表示，这种情况在目前确实经常出现。假如中国的需求再增长下去，那么就连德国人也买不到他们想要的宝马汽车了。

中国的企业很快就明白了，品牌是一种比成本更重要的竞争优势。世界最大的广告传播集团WPP每年都会进行调查，评选出世界100个最具价值的品牌。2011年，榜上有名的中国企业有：中国移动，名列第9位；中国最大的银行中国工商银行，名列第11位；搜索引擎百度，名列第29位。到2020年，中国一定会出现更多的知名品牌，甚至赶上美国的水平。

从目前来看，奢侈品行业是金砖四国崛起的最大受益者。几年前，我投资过一家规模非常小、由中法合资的中国珠宝公司。在我看来，中国的消费者日渐富裕是十拿九稳的事。中国的消费者固然会对很多全球性的奢侈品牌产生兴趣，但我同样认为，假如中国建立了真正属于自己的奢侈品品牌，那么这些品牌也有可能大获成功。例如麒麟珠宝公司，它在香港最时尚的购物商城开设了最成功的店面，目前正在往北京、上海等地扩张。香港店的最大顾客基本上都是中国内地游客。2011年中期我在撰写本书时，很多规模较大的奢侈品公司都在计划收购这家公司。

我是做汇率工作的，以前很少有奢侈品公司对这个领域感兴趣。但今天，很多奢侈品公司常常问我对世界形势的看法，邀请我参加它们的会议。2011年，《金融时报》奢侈品会议在瑞士洛桑举行。会上，我和《金融时报》财经版主编马丁·沃尔夫（Martin Wolf）、前同事加文·戴维斯一起，共同探讨了全球经济的现状。我们做完开场白后，是各种各样的小组讨论，众多知名奢侈品品牌都参与其中。这些奢侈品公司很多都表示要在金砖四国大展宏图，我们听到后并不觉得奇怪。

高盛公司奢侈品分析师威尔·哈钦斯（Will Hutchings）简明扼要地总结了这次会议。他说，在中国，每1 400个人中，就有一个百万美元富翁。目前，仅北京一地就有近20万百万美元富翁。在未来15年中，世界奢侈品购买者将增加5亿多，其中有2亿会是中国人。印度将成为第二大快速增长的奢侈品购买国。巴西和俄罗斯也将成为重要的奢侈品购买国。对于很多西方企业而言，保持品牌或调整品牌将是必不可少的举措，有时甚至会产生扶摇直上的效果。但这并不是说只有金砖四国各大城市的奢侈品店才值得增加投资，其实，巴黎、迈阿密、纽约、伦敦等奢侈品之都也都是潜在的受益者。据威尔说，巴西人的奢侈品有55%是从国外购买的，主要是迈阿密。随着世界经济增长格局的不断变化，某些西方人开始担忧自己会受到损失。这些人需要把思想放开一点。西方企业，特别是拥有知名品牌的企业，仍有很多获利机会。

另外，金砖四国还同样改变了艺术市场。佳士得（Christie's）

拍卖行前主席艾德·多尔曼（Ed Dolman）对我说，他的出差行程有了新的变化，到北京、上海、莫斯科等地的安排越来越多。我敢肯定，在未来几年，里约、圣保罗、孟买以及其他中国和印度的城市都将加入这一行列。所以，今后看到金砖四国出现新的拍卖行，我一点都不会感到奇怪。

很多金融市场方面的专家在研究金砖四国的时候，往往会把分析重心放在大宗商品上。金砖四国对大宗商品的需求固然强劲，但金砖四国的消费势力也正在崛起，这一点更值得关注。我从业以来，美国的消费者基本上主导了世界经济。一切似乎都要以美国人的购买习惯为中心。随着金砖四国的成长，金砖消费者将在世界经济中发挥最重要的作用。2010年，中国人购买的汽车数达到1 350万辆，超过了世界任何国家。同年，美国仅为1 160万辆。中国很快就会成为世界最大的奢侈品市场。在“十二五”规划中，中国政府已将日益增长的国内消费列为经济工作的重点之一。

2001年以来，金砖四国的GDP总值从3万亿美元增长到12万亿美元，翻了两番。到2010年年底，金砖四国的消费总量为5万亿美元，虽然不到美国的一半，但差距即将缩小。到2020年，金砖四国的零售总额将超过美国。

这绝对是我们这一代的奇迹。它既反映了金砖四国财富的急剧增长，也反映了这些国家近30亿人口对消费品的强烈需求，这一点与西方国家是一致的。

人均GDP统计是跟踪消费品需求增长的关键。金砖四国，特别是中国的人均GDP呈现出急剧增长的态势。日益增长的GDP倘若只集中在少数人手中，则无法推动大众消费市场的发展。但是，当很多人快速致富后，就会产生庞大的汽车市场、冰箱市场、空调市场、电器市场、高科技设备市场、节假日旅游市场、奢侈品市场、理财咨询市场，等等。到2050年，金砖四国，特别是中国和印度的财富将会出现巨大增长。消费品生产商的潜在市场极为可观。

西方企业对此一清二楚，它们在利润表中第一时间看到了这一点。倘若你去过宝马公司慕尼黑总部，你就会得出中国的动态比德国重要的结论。与路易威登或特易购的经理聊过后，你马上就会明白推动这些企业发展的结构主题。金砖四国正在形成规模庞大的消费市场，其速度之快，是19世纪末20世纪初美国成为世界最大单一消费市场之后的第一次。

对于西方经济大国而言，金砖四国消费者的崛起应该是个好消息。这些经济大国可以向金砖消费者出售商品，获取利润，不再把金砖四国看成低成本的威胁。此外，金砖四国还颠覆了跨国企业过去的商业模式，使其朝更好的方向发展。

到2011年中期，肯德基已经在中国开设了3 700家餐厅，是其竞争对手麦当劳的3倍多。这个数目远远高于美国的水平。为了迎合中国人的口味，肯德基允许中国经理适当调整菜单，减少鸡翅，增加地方菜品，因而发展迅猛。雀巢、宝洁、联合利华在中国也是生意兴隆。2011 年 7 月，雀巢表示要收购徐福记。当时，徐福记在新加坡证券交易的市值为 26 亿美元，是中国最大的糖果、糕点企业之一。从那以后，我每个星期似乎都会听到中国消费的惊人变化。据日本《日经周刊》英文版报道，2011 年中期，经过东京成田机场的中国女性，平均每人购买化妆品的金额高达 1 000 美元。

倘若金砖四国的资本市场能与其他经济部门同步发展，那么我们高盛公司就很有可能获益匪浅。即使决策层坚持采取保守路线来发展金融市场，金砖四国也能实现重大发展。假如决策层学习美国，采取市场主导型的金融体系，那么金砖四国的发展前景将不可限量。在这种情形下，全世界的金融机构，包括投资银行在内，很可能会对金砖市场产生极大的兴趣。

金砖四国发展壮大之际，高盛公司当然制定了相应的策略。在未来不到 20 年的时间里，高盛公司计划在资产管理咨询业务方面加大对亚洲人才的聘用力度，聘用人数将超过世界其他地区的总和。这些亚洲人才以及很多来自其他地区的有关人才，将为亚洲客户提供资产管理咨询服务。同样，俄罗斯也有相当多的机会。

城市化的快速发展是金砖四国消费水平大幅提高的又一重要标志。根据我的经历，城市化可在某种程度上加快经济增长，提高财富水平。道理非常简单，就是使人不甘落后。近距离生活的人们，往往喜欢比高比低，你有的，我也要有，甚至比你还多。这有利于促进经济竞争，加快经济发展。另外，拉近人际距离还能加快知识传播，各种思想都能迅速交流并完善。

印度和中国一样，新城市如雨后春笋，遍布各地。以前我在外汇部门工作时，我们说过，你若不知道印度财政部部长的名字，就不可能正确认识印度的货币。今天，我会说，你若不知道中国重要城市的名字，就不可能正确认识中国。我曾打算把中国500万以上人口的每个城市都记住，但我很快就放弃了。2010年，当20国集团会聚南京时，我竟从未听说过这个地方，实在汗颜。然而，南京所在的省份江苏省比德国大。（顺便提一句，德国是唯一一个开通直飞南京航班的欧洲国家，可见两者关系将越来越牢固。）

在印度，人口超过100万的城市起码有50个。如此多的人口集中在城市里，随着经济水平的慢慢提高，人们希望得到大家都有的东西。这正是消费品公司求之不得的事情。时尚产业和休闲产业的经理纷纷来到金砖四国，调查市场潜力。

2005年，我在曼联足球俱乐部做过一段时间的董事。英国足球与世界足球的演变，反映了金砖四国的惊人影响。过去，英国的俱乐部觊觎巴西的球员；如今，俄罗斯、亚洲及中东的亿万富豪开始竞相争夺英国俱乐部的所有权。

2008年欧洲冠军联赛期间，我坐飞机到孟买出差。当时正值曼联和巴塞罗那比赛。我到机场时，比赛刚好中场休息。我叫司机以最快的速度开到酒店。到酒店后，比赛还剩10分钟。我叫前台和服务员快速领我到房间。到后，他们站在我后面一起看比赛。他们和我一样心情紧张。曼联打败巴塞罗那。比赛结束后，我发短信给当时的俱乐部主席戴维·吉尔（David Gill）说："下一步营销妙招——印度。"在未来10年，曼联也许会把足球队派到中国和印度，谁也说不定。

我到瑞士洛桑参加《金融时报》会议之前不久，中国社会科学院发布预测说，到2015年，中国的消费规模将增加1倍，达到4万亿美元左右。5年内增长2万亿美元，平均每年增长4 000亿美元，即使信贷危机之前大手大脚的美国消费者也赶不上这种速度。信贷危机后，美国要想达到这一目标，更是需要10~20年的时间。在《金融时报》会议的小组讨论上，我提到了中国社会科学院的预测。让我吃惊的是，其他人竟然觉得这没什么大不了的。

金砖四国的消费规模发生任何变化都将产生重大影响。但奇怪的是，不承认这一点的人并不在少数。很多西方评论员想努力认识金砖四国，解释金砖四国，但最后又回到害怕和偏见上来。在确凿的证据面前拒不承认，说白了就是抱残守缺的表现。有些评论员无非是害怕未知事物。虽然跨国集团的经理对金砖四国的崛起满心欢喜，但经济力量发生如此重大的变化，不免会让某些人感到不安。

我有时会听到政治家或投资人说，中国目前还不具备成为世界最大经济体的条件。他们认为，中国无法完成从出口主导型向消费主导型的经济转变，此其一。其二，中国尚不具备条件去承担与其经济实力相称的全球政治角色。关于第一点，我不同意。认为中国无法保持增长势头，并发展成为经济大国，似乎是偏见使然。中国不可能永远都是一成不变的发展模式。我认为，到2013年，中国极有可能出现贸易逆差，这意味着中国对出口的依赖越来越低。关于第二点，说法本身自相矛盾。

很明显，当金砖消费者吸纳越来越多的消费品后，各种各样的复杂问题也将随之出现。我的同事为了买辆宝马，需要等6个月的时间，虽然这算不上大困难，但倘若他的问题扩大开来，达到非常普遍的地步，倘若金砖四国需求的增长推高了物价，造成很多西方消费者买不起消费品，那又当如何？因此，我们很容易看到怨恨情绪生根发芽、贸易保护主义态度滋长蔓延的现象。

当然，为了迎合新市场的口味与喜好，那些目光长远的聪明企业将会对品牌和成本结构进行适当的调整。在这些所谓的工业化经济体中，思想调整、行动调整是极其必要的。从某些方面来看，德国或将成为其他国家学习的榜样。2007年以来，德国对中国、对印度出口呈现急剧增长的态势。我在前面说过，以目前的速度来看，德国对中国贸易将于2012年超过德国对法贸易。何其引人注目！2011年年初，德国特种机械零件生产商博世公司宣布，由于新兴国家出口业务增长迅猛，博世将增加3万余个就业岗位。2011年春，德国就业率总体上超过了信贷危机前的水平，由此足见德国制造商的出口实力。

我认为，发达经济体要想增加就业机会，获取利益，可以学习德国模式，扩大对金砖四国的出口。但欧洲其他国家、日本、美国都必须做出适当调整，才能在方兴未艾的风云巨变中获取利益。

我在想，金砖四国的经济增长与世界整体的经济增长可以同时并存。某些国家增长加快，未必会导致其他国家增长放慢。过去30年，世界GDP的年均增长率约为3.7%。尽管2009年世界经济增长出现衰退，但2000~2010年，世界GDP的年均增长率仍然上涨到4%。全球信贷危机发生两年半后，也就是2011年中期，我曾写到，人们普遍预测，2011年，世界GDP增长率为3.9%，2012年为4.1%。我认为，世界经济保持较高增速，金砖四国既有直接作用，也有间接作用。

我和很多西方名牌产品的生产企业讨论时发现，它们的收益都表现出非常强劲的增长。另外，从全球消费支出的格局也可以看出金砖四国的强大力量。世界购物是由新兴国家推动的，特别是金砖四国，只不过，我们这一代的西方人大都很难明白这一点。

发达国家必须进行一系列的思想调整，其中包括正确认识财富与规模的区别。在未来若干年中，金砖四国即使出现快速增长，其人均财富仍然远远低于欧美国家。在可预见的未来，除俄罗斯外，其他金砖国家的人均财富均无法达到七国集团的水平。金砖四国获得成功，并不意味着发达国家遭受损失。所以，当欧洲人说他们害怕面对金砖四国的竞争时，我就问他们到底担心什么。我前面说过，一个国家的经济规模取决于劳动适龄人口及其生产力，后者至关重要。除非奴役别国人民，或吸引大量移民，抑或快速、大幅提高出生率，否则一个国家的领导人很难对其规模做出丝毫改变。但如果把重点放在生产力上，就可以大幅提高国民的财富含量。

面对法国、德国和意大利的增长，瑞士不加担心，反而希望它们增长。这样，瑞士就可以出口更多的商品，获得更多的收入。邻国变富后，瑞士的人均财富也将随之上涨。同样，欧洲国家为了自身的经济利益，也应当把金砖四国发展成自己的出口市场。

绝对规模往往可以决定一个国家在全球组织中的重要性，在国防、安全、国际事务中发挥作用。从这个方面来看，随着金砖四国经济的发展壮大，当前的七国集团必将面临竞争问题。这些发达国家切不可因为盲目的爱国主义或为了保留人浮于事的工作岗位而阻碍金砖四国的发展壮大。要想充分解决全球安全、环境等非经济领域的问题，就要允许世界各国都能蓬勃发展、繁荣富强。

如果发达国家要适当提升金砖四国在全球组织中的地位，七国集团，特别是欧洲国家，就必须放弃部分权力。这既需要谦虚礼让，也需要冷静客观、实事求是。日本和欧洲再也不能像过去那样发挥重要影响力了。世界秩序的变动已经势不可当。老牌大国的成败得失，将取决于它们能否吸纳金砖四国参与全球决策。

第7章 新联盟展望

金砖经济体和成长型市场的崛起，将大大改变这些国家同世界其他国家的关系。区域经济、政治关系必将发生深远变化。这种变化或许会对国家之间的历史关系形成考验，但如果决策层能以开放的眼光和积极的心态来看待建立新贸易关系等各种关系的潜在效益，那么就有可能出现新的、更强大的联盟。

很多国家对金砖经济体的出口呈现出巨大的增长。例如，由于巴西出口到中国的大宗商品增长迅猛，中国目前已经轻松成为巴西的第一大出口市场。反过来讲，中国对巴西的直接投资也在急剧增加。中国和巴西的共同发展，使两国关系步入了崭新的时代。与此同时，中国对非洲的投资也呈现出激动人心的发展态势，很多非洲国家的对外关系因此焕然一新。

亚洲轴心国

未来，世界经济的重心将转移到亚洲。因此，我们先从亚洲开始讨论。

未来20年，中国或将成为世界最大的经济体，印度或将成为世界第三大经济体。世界超过2/3的人口都在亚洲。亚洲具有世界仅有的两个人口超过10亿的经济体：中国和印度。目前，中印两国人口总和接近世界总人口的40%。印度尼西亚人口约2.4亿，是亚洲第四大人口大国。日本、孟加拉国、越南、巴基斯坦和菲律宾的人口都在世界前20位。新钻经济体中，有6个国家在亚洲。当然，中国和印度也在亚洲。总而言之，亚洲的前景不可限量。

从第二次世界大战到2010年，日本基本上一直是世界第二大经济体。中国的GDP总量目前已经超过日本，印度也将于20年内超过日本。中国、印度和日本经济的相对变化和绝对变化，必然会使中、印、日三国的相互关系发生重大变化。由于中、印、日三国历史兴衰交错，因此三国关系将会更加复杂，这就需要灵活变通。在协调合作方面，亚洲领导人必须宽容、开放。相对财富虽不至天壤之别，但到底会有巨大的变化。

考虑到这些问题后，亚洲还能否构建健康而和平的经济关系、货币关系和社会关系？中国和印度这两个新兴大国将如何相处？日本繁荣依旧但经济较小，其区域作用又将如何变化？韩国、孟加拉国、印度尼西亚、菲律宾、巴基斯坦、越南等潜力巨大的人口大国，以及新加坡等规模较小但经济发达的经济体，都将面临同样的问题。中国台湾的未来究竟怎样？会和中国香港一样吗？只有中国内地开放了国际收支平衡表的资本账户，《中华人民共和国香港特别行政区基本法》才能保护港元，如果出现这种情况，港元是否会不再存在？朝鲜与韩国的未来会怎样？金砖四国的发展壮大和国际局势的不断变化是否有利于朝韩统一？

除了这些经常讨论的问题外，还有更大的问题。在印度成为世界第三大经济体的过程中，印度和巴基斯坦的关系将迎来严峻的考验。另一个复杂问题是中国和日本的关系。中国的经济总量超过日本后——虽然不及日本富裕，中日两国能否推动两国关系朝健康、相容的方向发展？以及中国和印度两个金砖国家的关系走向问题。

这些都是亚洲思想领袖所要面临的重大挑战，他们需要想方设法，迎接这些挑战。

日本与金砖四国

对于日本而言，中国的崛起既是巨大的机遇，也面临一些潜在的挑战。在我看来，随着日本人口的老龄化，“拥抱”中国将成为日本改善经济前景的必由之路。除此之外，日本同样要关注印度以及印度尼西亚等新钻经济体的巨大市场。但这需要日本从文化上进行大刀阔斧的改革。

日本具有雄厚的技术实力，且已步入经济发展的高级阶段，因此，日本可以向亚洲成长型经济体提供大量的商品。在汽车、电器等现代消费品和现代能源效率这两大领域里，日本明显处于世界领先地位。近年来，随着中国消费者财富水平的不断提高，德国似乎非常成功地满足了中国很多方面的需求。高端汽车就是个特别有趣的例子。日本丰田汽车可谓世界领先，应该拥有很好的机会，但与宝马、奔驰相比，日本汽车厂商似乎没有把握好这一机遇。德国品牌反而更受中国人欢迎。中日两国的历史给日本企业造成了不良影响，日本必须正视并妥当解决这一问题。德国通过欧盟和欧洲货币联盟的创建，成功地做到了这一点，而这也正是有些人支持亚洲建立货币联盟的原因。日本若能积极推动中日文化关系发展、带动政治关系的有效转变，似乎就能从中收获巨大的潜在效益。

我到过日本多次。面对不断变化的亚洲形势，日本似乎总是表现出一个遗世独立的样子，看到这一点，我常常感到吃惊。若干年前，我曾与日本某重要消费品公司的战略小组开过一个会。我本以为他们会提出很多关于中国和印度的问题，没想到最后还是由我提出了这一话题。消费市场的巨大机遇近在眼前，唾手可得，可他们竟然毫不在意，真让我大吃一惊。这是25亿多人的市场，但他们好像并没有特别强烈的愿望来开发这一市场。在日本其他行业的其他公司里，情况也同样如此。

日本的第二个问题是英语口语的使用。假如日本不能使用通行语言，那日本又如何指望发掘中国、印度等国的潜在利益？我参加过日本的很多会议，大多数都有一个翻译在场。30年前，我初入金融服务业时，德国就是这种情况，但今非昔比。现在，我去法兰克福发表演讲都用英语，观众不但听得懂，最后还能用英语提问。不过要是在东京，这就需要同声传译，而人们也大都用日语提问。

几年前，日本官员开始研究政策，希望把日本打造成旅游胜地。我在日本的旅游经历不多，但我知道日本是个美丽而迷人的国家。只不过，对于不懂日语的人来说，离开东京和铁路沿线后，就不便于四处走动了。积极使用英语，将大大有助于日本在很多方面取得成功。

目前，劳动力日益萎缩是日本面临的最大问题。加大开放力度，将有助于日本解决这一问题。日本需要出台重要的移民政策。不过，我每次到日本提出这一问题时，就经常有人教训我说，日本城市里发生的犯罪有相当一部分都与外来移民工人有关。日本要想在金砖四国和N-11的崛起中受益，就必须改变这一态度。

中国及其亚洲雄心

除了日本，中国还要与其他金砖国家，特别是印度，发展健康的关系。中国和印度的关系出现过波折，随着两国经济地位的不断提升，中印两国必须建立更为积极的对话机制。

有三个方面特别重要。首先，中国和印度还有巨大的空间大幅推动双边贸易。近年来，中印双边贸易开始出现急剧增长，而这仅仅只是开始。如果中国和印度能在未来20年中分别成为世界第一和第三大经济体，那么中印两国的双边贸易就应该成为世界最大的贸易关系，或者至少应该接近这一水平。假如中印双边贸易没有出现急剧增长，那么我们说，中国和印度没有充分发挥各自的经济潜能。

第二，由于中国和印度对全球资源的需求越来越大，两国将形成直接竞争的关系。倘若中印两国都能够参与解决资源减少、气候变化等问题，那将产生至关重要的影响。当然，中国和印度永远都会以各自的经济利益为重，但两国也必须寻找双方都能接受的立场，从而使全球气候变化协议产生实实在在的效力。两国很有可能受到自身利益的启迪，从而认识到它们都将面临资源的制约。在将来的某一个阶段，如果遇到勇敢、开明的领导人，中国和印度应当以此为契机采取相同的立场。[一]

第三，印度和中国很有必要把气候变化的共同立场扩展到其他方面，例如在巴基斯坦未来局势与稳定方面寻求共同立场。此外，国际货币基金组织、世界银行甚至联合国等全球组织的领导人选、结构与作用，都是中国和印度必须寻找共同立场的领域。2011 年 5 月，国际货币基金组织总裁多米尼克·斯特劳斯－卡恩（Dominique Strauss-Kahn）宣布辞职后，中国和印度显然没有对双方都认可的理想候选人进行讨论，这种情况今后一定要改变。多年来，美国和欧洲面对事关双方的全球问题，自然会进行讨论，并达成一致意见。中国和印度也需要这样做。

中国对待台湾问题和朝鲜问题的一贯立场以及中国的决策风格，可能会对中国与亚洲其他国家的关系以及中美关系产生重要影响。如同中日双边关系一样，中国领导人必须建立不同的参与形式，来应对这些挑战。这并非易事。但中国要想发挥自己的潜能，就必须适应。[二]

亚洲货币事务

有学者建议在这种复杂背景下，亚洲应当建立统一货币，就像当代欧洲核心国家建立欧元一样。很多亚洲思想家对亚洲统一货币梦寐以求，有些人甚至已经将其称为“亚洲货币

[一][二] 此为高盛的观点。

单位”了。这些人认为，欧元的诞生、欧洲货币联盟的结构，是理想的模式。出于不让历史悲剧重演的渴望，亚洲更会加强经济合作与政治合作。这种比较无可厚非。然而，亚洲重要经济体的规模和结构各不相同，使亚洲建立统一货币变得极为复杂。

亚洲匆匆忙忙建立货币联盟，是高度危险的追求。欧洲当前的债务危机已经表明，欧元在欧洲远没有达到大获成功的地步。欧元确实起到了积极作用，但欧元的稳定性能否持续下去，欧元的存在是否有助于欧洲国家进一步繁荣，却有待考察。

在撰写本书的时候，欧洲货币联盟已经陷入重重危机。虽然希腊和某些较小国家的负债额度是直接问题，但在我看来，这其实是在考验欧洲的结构、治理与领导。我们无法完全保证所有成员国都能留在欧元区，因此也不知道统一货币是否拥有长远的未来。这就要求欧洲领导人要大胆决策。

那些希望亚洲也能拥有自己货币的人，要特别注意这些。不过，亚洲与欧洲不同，特别是在经济结构方面。尤其是以下三点，要特别注意。

第一，1999 年加入欧洲货币联盟的核心国家法国、德国、比荷卢国家[⊖]都具有大致相当的人均 GDP。欧洲货币联盟创建伊始，这些国家也许是最理想的欧元区。一旦西班牙、葡萄牙、希腊确定要加入，欧洲货币联盟的优越性就开始遭到质疑。此外，爱尔兰、意大利和芬兰的加入，也在一定程度上引发了人们的质疑。在中国、印度和日本之间实行统一

⊖ 指比利时、荷兰、卢森堡。——译者注

货币，就好比在德国、波兰和土耳其之间实行统一货币，要知道，波兰和土耳其并非欧洲货币联盟的核心成员。日本人均GDP为36 000美元，中国为6 000美元，印度为1 500美元。中国和印度的人均财富即使能够实现大幅增长，也很难在可预见的未来达到日本的水平。同样，印度的人均财富也不太可能达到中国的水平。

第二，与欧洲货币联盟的核心成员国相比，亚洲各大经济体之间的贸易关系模式相差悬殊。欧洲货币联盟的成员国大都十分开放。1999年，这些国家甚至互为最大的贸易伙伴。成立欧洲货币联盟的主要目的是建立共同的贸易区，降低成员国货币的不稳定性。亚洲的情况不一样。印度对贸易的开放程度远远低于中国。也许有一天，以中国和印度为主导的亚洲统一货币会成为现实，但这并非千真万确。虽然中国现在是亚洲很多国家的贸易伙伴，但日本的重要地位仍然远远高于印度。贸易关系不稳定而直接推行统一货币是危险的。没有更稳定、更相似的贸易模式，特别是双边贸易模式，就没有必要共用一种货币，至少从经济角度来看，这种必要性不强。

第三个方面涉及目标与动机。法国和德国加入欧洲货币联盟，目的都是为了建立制度框架，防止历史重演，特别是20世纪两次世界大战的重演。亚洲，特别是中国和日本，也许都不希望看到侵略战争再次发生，但货币改革还需要中国等国具有相同的未来展望，这一点是否存在？中国是否会认真考虑与其他国家建立货币联盟？也许中国需要逐步改变，让这一切成为可能。

亚洲结构复杂。中国和印度的绝对规模和相对规模都在明，美国的决策层仍能以令人钦佩的方式对待金砖四国的崛起。他们允许全球化的经济力量，凡是有全球眼光的企业，都能从中受益。因此，这样的环境有利于金砖四国的崛起。另外，美国决策层还站在时代前沿，积极邀请金砖经济体参加全球对话。当然，2008 年年底，布什总统复兴 20 国集团，是把金砖四国带入全球决策中心的重要举措。与此同时，美国还热切希望加强同金砖四国，特别是中国与印度的双边对话。

考虑到美国对外贸易关系格局的不断变化，美国领导人采取这种开放做法是理所当然的。我们可以从一组指标中看出美国对外贸易的变化程度。例如，美国联邦储备委员会设有一项指数，用以衡量美元对美国各贸易伙伴货币的表现。该指数的计算依据既有美国与某国的直接双边贸易，也有除两国以外其他市场的贸易情况。目前，人民币的权重和日元不相上下。人民币和墨西哥比索的总权重已经超过欧元，七国集团货币的总权重只有 50% 多一点。

未来五年，出口翻番、减少外债是美国经济政策的重要目标。美国要想成功扭转国际收支逆差，就必须处理好与金砖经济体的贸易关系。

美国尤其要处理好对华关系。美国和中国是世界最大的两个经济体。在未来二三十年中，美中两国仍将保持目前的状态。美中贸易很可能出现大幅增长。美中两国对全球重要经济问题、全球安全问题、全球政治问题的立场是世界繁荣的关键。美国人越来越有必要客观认识中国。美中两国必须寻找正确的合作方式。

然而，美国经济一陷入泥潭，就喜欢抱怨别国，特别是中国。美国经济一出问题，美国政客就像赶时髦一样，纷纷拿中国开刀。国会委员会经常流传着制定政策限制中国出口的提案。这些想法是非不分。很多美国的跨国公司一直冲在最前面，帮助中国把产品出口到美国。美国消费者不仅得到了廉价的产品，还提高了生活水平，受益颇多。沃尔玛的迅猛发展就集中体现了这一点。

但是，今时不同往日。随着中国的发展壮大和日渐富强，中国将不再是廉价进口商品的来源国了。相反，中国正在日益成为别国出口商品的接收国。2010 年，中国的进口额增长到 1.4 万亿美元，短短 12 个月增长了 4 000 万美元。假如这一增长势头能够继续保持下去，那么到 2015 年，中国的进口额将超过美国（按美元计算）。这对美国出口商而言，是个巨大的机遇。美国国会议员必须克制冲动，绝不能在竞选双方势均力敌的关键地区，为了多争取一些目光短浅的轻浮选票，而妄加指责中国抢走了美国的工作。美国国会议员最好能从这里面看到机遇。

为了推进和扩大全球自由贸易，美国政治家当然需要保持开放的思想，但同时，金砖四国也必须认识到推动自由经济政策，特别是自由汇率政策的必要性。我前面说过，布什总统建议把金砖四国纳入 20 国集团，堪称惊世之举，如此一来，复杂的经济问题便有了解决的渠道。从美国的角度来看，这样做的目标很有可能是，增加同金砖四国的世界贸易，增加金砖四国及亚洲货币特别是人民币的灵活性。美国在这些问题上的领导能力会对全球化持续发挥效益产生极其重要的作用，这不仅对美国有利，也对我们每一个人有利。

有些美国人也许会对中国等金砖国家的挑战和竞争威胁

感到害怕。对此，我想再次强调，经济规模与人均财富不能相提并论。即使某些金砖经济体的规模能够超过美国，但在可预见的未来，金砖经济体的人均财富几乎不可能达到美国的水平。假如中国的 GDP 到 2050 年能够达到 80 万亿美元，美国的 GDP 将达到 36 万亿美元。届时，美国的经济规模与人均财富将增长 1 倍甚至更多。美国的人均年收入将达到 94 000美元，几乎是中国的 2 倍、印度的 4 倍。

2006 年，经济合作与发展组织研究了“成功”的衡量标准，最后得出结论认为，富足似乎与人均 GDP 高度相关。假如中国、印度等金砖国家能够成为经济大国，那也是因为这些国家拥有庞大的劳动人口，而非较高的人均 GDP。尽管美国的制造业衰落了多年，但美国一直在蓬勃发展，并将继续发展下去。更何况，美国甚至有可能扭转制造业的衰退趋势。假如美国能在未来五年使出口成功翻番，其制造业将迎来巨大机遇。2011 年 5 月，波士顿咨询公司（BCG）发布了一份非常重要的报告，报告称，未来五年，美国的制造业完全有可能重整雄风，并夺回失去的竞争力。[1]

很多金融市场专家和我讨论美国的制造业与出口时，都认为我的上述想法简直是天方夜谭，但我认为他们的怀疑是站不住脚的。美元贬值将带动竞争力的上升，加之金砖四国内需的增长，美国完全有机会重建自己的制造实力。

美国、巴西与拉丁美洲

由于中东安全与恐怖威胁层出不穷，而亚洲形势颇好，美国对拉丁美洲的吸引力和影响力往往给人一种今不如昔的感觉。20世纪90年代末以来，拉丁美洲爆发多次经济危机，而亚洲却在蓬勃发展，更是加重了这一感觉。

随着巴西经济的持续发展，这种感觉是否会改变，让我们拭目以待。由于出口贸易的增加，中国对巴西的吸引力已经超过美国。巴西已经成为金砖四国政治俱乐部的中流砥柱，对美国的依赖越来越小。另外，巴西在整个拉丁美洲的影响力也在与日俱增。过去，巴西一直希望成为南美国家的共同市场，如今，这将再次成为巴西的工作重点。对于美国决策层而言，要想与整个拉丁美洲保持健康、积极的贸易关系，就需要与巴西密切合作。

2011年3月，奥巴马总统和罗塞夫总统举行双边会晤。这透露出一个积极的信号，表明美国已经认识到巴西正在走上一条不同的繁荣之路，一条可能会对美国有利的道路。

中国的发展将对墨西哥产生极其重要的影响。随着金砖四国逐渐为人所熟悉，人们往往留意到，墨西哥的表现远远不如巴西。中国成为廉价的生产中心，墨西哥对美国企业的吸引力难免要降低。但是，随着中国的富强、工资的上涨、人们生活水平的提高，墨西哥将有可能成为大赢家。

美国与俄罗斯

石油、政治与欧洲是美国与俄罗斯关系的三大重点问题。

首先是石油问题。由于全球能源需求永无休止，中东问题持续不断，俄罗斯将在能源供给方面对美国产生重要影响。俄罗斯的石油生产战略及其对能源价格的潜在影响，都将产生重要作用。1989年柏林墙倒塌以来，虽然美国与俄罗业的重要性或许会有所下降。

欧洲人应当努力承担起消费者的重要角色，积极欢迎金砖四国的竞争。有了竞争，消费品才会更便宜，欧洲家庭的预算才会更有效地增长，消费才会更强劲。在低通胀条件下，用低效的产业换取高效优质的工作，欧洲人何乐而不为呢？把这些低效产业输出到金砖四国和其他新兴经济体，不会对欧洲造成太大的影响。近年来，我们看到，准备从发展中国家进口廉价商品的欧洲国家，往往都是通货膨胀低甚至经济增长强劲的国家。

这绝非侥幸，而是健全的经济政策发挥了作用。国际贸易的理论基础就是使贸易各方都能获益。国际贸易不是零和博弈。政治领导人不但自己要知道国际贸易有着各种好处，还要向全国的老百姓说明这些好处。

我们看到，世界经济风云变幻，欧洲的应对能力往往比美国弱一点。欧洲要制定适当的、统一的应对策略，让欧盟、欧洲货币联盟发挥作用。欧盟共同经济区有 27 个成员国，人口超过美国，经济规模也有望超过美国。消费市场潜力巨大，容纳金砖四国的崛起，应该不难。假如欧盟能够成为名副其实的自由经济贸易区，那将产生非常可观的潜在效益。

人们应该允许并鼓励欧洲国家与世界其他国家，特别是与金砖四国开展自由贸易。为了完善统一市场，特别是服务业的统一市场，欧盟有必要出台立法政策。与此同时，欧盟成员国还必须加快跨国并购，允许更多高效的国际企业进驻。严禁欧盟成员国出台不公平的法律法规来支持本国的龙头企业。大力推进劳动力自由流动，提高工资协议的灵活性。另外还要采取措施，允许欧盟成员国之间以及欧盟与其他国家之间的人口流动。由于很多欧洲国家的本土劳动力将出现不可避免的下降，因此有必要扩大劳动力，特别是熟练工人的规模，从而帮助企业发展。必须出台政策，提高退休年龄，延长工作时间。由于预期寿命的提高，此举有助于扩大劳动力储备，降低抚养比率，否则这将是一个巨大的挑战。

如果采取了这些大胆、勇敢的举措，那么我认为，金砖四国发展成为经济大国，对于欧洲国家而言，是机遇大于威胁。

欧盟与俄罗斯的关系

金砖四国的崛起将会带来各种挑战。由于俄罗斯与欧洲接近，俄罗斯对欧洲的挑战也许是最有意思的。将来有一天，俄罗斯完全有可能加入欧盟或者未来某个类似于欧盟的组织。当然，从地理角度来看，俄罗斯的版图主要在亚洲，但如果俄罗斯能够实现潜能，思想积极的欧洲肯定会热切欢迎俄罗斯加入欧盟。当然，这些说法同样适用于土耳其。

俄罗斯今后仍然是大多数欧盟成员国的重要能源来源。这些国家既有曾经的竞争对手，也有苏联的盟国。单凭这一点就足以表明，欧盟国家需要同俄罗斯保持长期的良好关系，虽然双方关系经常出现紧张局面。

俄罗斯是很多欧盟成员国的重要贸易伙伴。假如俄罗斯能够继续增长下去，最后达到自己的潜能，那么俄罗斯将会不断增大。提高汇率制的灵活性，加上强硬的宏观经济政策，往往可以产生更为稳定的效果。倘若亚洲很多国家都能提高汇率政策的灵活性，采用通货膨胀目标制这一可靠政策，那将有助于增加稳定性。倘若中国和印度能够正式采纳通货膨胀目标制，那么中印两国就更有可能实现持续增长。当然，韩国已经实施了通货膨胀目标制，日本央行似乎也会在未来某个阶段正式实施通货膨胀目标制。在通货膨胀目标制的背景下，这四个大国相互之间应当允许汇率自由浮动，应当允许对美元、欧元自由浮动。中央银行为了消除货币过度波动，偶尔实施干预也是理所当然，但要固定汇率、禁止波动，似乎并非有益之举。

假如大型发展中国家能在未来几十年中实现经济潜能，那么到时再建立统一货币岂不更好？在那之前，这些国家的经济往往会长期面临截然不同的压力，建立统一货币无异于痴人说梦。

当然，亚洲未来能否出现货币制度，其结构如何，关键要看人民币。假如中国能在未来二三十年中实现经济潜能，假如中国完全允许人民币自由兑换，无使用限制，中国的个人和企业、世界其他国家的任何人，都能同中国进行任何交易，那么人民币就很有可能成为亚洲乃至全球货币事务的枢纽。在中国与世界其他国家的贸易和资本流动中，倘若人民币无法自由使用，中国便难以实现其他既定目标，特别是把上海打造成国际重要金融中心的目标。很多国际企业有意在上海股市上市，但如果不能按西方股市基本规则进行交易，那么很多人就会望而却步。

2010 年和 2011 年年初，中国香港出台若干举措，开放人民币在投资领域的使用。这些似乎暗示了人民币的无限潜力。2009 年以来，在香港地区的人民币存款呈大幅增长，未来增长还会更多。

对于亚洲其他经济体，特别是具有大量贸易商品的经济体而言，正确的方法，是积极管理对中、日、印三大货币的汇率政策（并适度参照美元和欧元）。印度尼西亚、马来西亚、菲律宾、泰国、越南等亚洲国家均适用此法。

金砖四国与美国

虽然金砖四国的重头好戏在亚洲，但美国的动向也几乎同样错综复杂、扣人心弦。美国是世界唯一的超级大国，面对金砖四国的崛起，美国将如何面对这一局面？美国将如何处理亚洲关系？在现代历史上，日本基本上一直都是美国在东亚地区的重要地缘政治伙伴，随着中国的崛起，日本的相对地位发生变化，美国是否会抛弃日本？俄罗斯日益崛起，但克里姆林宫并没有对商业和普通生活进行大力改革，在这种情况下，美国应当如何支持俄罗斯？随着巴西和墨西哥的崛起，两国将在全球舞台上发出更强的声音，美国将如何对待这样的拉丁美洲？最后，要想回答以上几个问题，就很有必要解决这一问题：美国经济将如何应对金砖四国的集体挑战？

尽管美国独霸世界的领导地位受到威胁，但很多迹象表成为这些国家更大的出口市场。由此可见，俄罗斯加入欧盟经济区是有实际经济依据的。欧盟和欧洲货币联盟之所以存在，主要是因为成员国之间有着巨大的贸易量。假如俄罗斯能够在贸易方面保持重要地位，实现自己的金砖潜力，那么吸引俄罗斯加入欧盟就有了足够的经济意义。

至于俄罗斯希不希望加入欧盟，那是另外一回事。（挪威和瑞典没有加入欧盟，但仍能在欧洲繁荣发展。）考虑到俄罗斯的历史和频繁变化的政治理念，俄罗斯也许不希望加入欧盟。俄罗斯获得经济影响力后，会更加希望在世界事务中保持强大而独立的发言权。这本身又会促使欧盟（和美国）换一种方式思考。随着俄罗斯的崛起及其经济实力的增长，俄罗斯将会具有越来越大的吸引力。

欧洲与其他三个金砖国家

在这三个金砖国家中，欧洲最为关心的是中国。中国虽然距离欧洲较远，但中国同欧洲的贸易在持续增长，因此，中国的地位极为重要。

过去几年，欧洲决策层非常关注货币改革。欧盟决策层虽然没有像美国政治家那样登上新闻头条，但同样也迫切希望人民币大幅升值。目前，全球货币改革正在努力推进。2011 年上半年，法国在担任 20 国集团主席国期间采取的立场就证明了这一点。3 月，萨科齐总统及其班底提议召开 20 国集团全体会议，并借此机会提出了改革货币体制的想法。法国表示此次会议应由中国主持，这巧妙地暗示了法国的想法：人民币要发挥一定的角色。

至于巴西，其最大的贸易伙伴是西班牙和葡萄牙。因此，如果巴西实现了自己的金砖潜能，西班牙和葡萄牙就会从中获得经济利益。有些西班牙和葡萄牙跨国公司与巴西企业（和拉丁美洲其他国家的企业）有着十分密切的关系，对这些企业非常有利。由于巴西具有相对发达的资本市场，欧洲金融机构很有可能到巴西拓展机遇。

金砖四国及其他成长型市场的崛起改变了国际环境。为了成功适应该变化，不同的国家必须主动分享政策，确保持续升温的国际贸易能够平稳运转。此外，我们还必须改善全球经济的管理结构，或者说，我们必须建立新的世界秩序。

第8章 世界新秩序

早在2001年，我就认识到，统领世界经济的制度框架需要彻底重新构建。我认为，七国集团、八国集团、国际货币基金组织等将无法适应新世界的挑战，所以我构造出了“金砖四国”一词。今天，这种趋势更加明显。

有些东西比国家自豪感和政治优越感更具危害性。倘若西方强国不肯接纳金砖四国，让其充分参与世界经济政策会议，我们就享受不到金砖国家经济增长的全部好处。20世纪后半叶主宰世界的国家绝不能只因为社会制度、政治制度不同，而对今天的经济对手吹毛求疵、评头论足。

如果我们真心希望更多的人摆脱贫困、步入中产阶级，如果我们真心希望推动贸易增长和财富创造，我们就有必要想方设法破除障碍，让商业自由流通。国际经济管理不再只是经济学家感兴趣的课题，它也是今日世界正常运转的核心要素，对我们每个人都有影响。

1975年，美国时任总统杰拉尔德·福特邀请日本、英国、原西德、法国和意大利，召开首脑会议，探讨第一次油价危机。这六个最大、最富有的工业化国家组成六国集团俱乐部。为了制衡庞大的欧洲大陆，福特总统于1976年邀请加拿大加入，组成七国集团。这些国家总体上主导了当时的世界贸易。1975年的首脑会议原本只是为了协调意见，统一应对油价危机，属于“一次性”会议。加拿大加入后，七国集团首脑会议变成了国际经济政策日程表的永久特色。直到今天，这些国家的财政部长和央行行长每年仍会举行三四次会议。

七大工业国都是大型经济体，拥有大致相当的人均收入和相同的民主价值观，因此，它们大体上都是相似的。但如今，七大工业国很难像20世纪80年代那样代表整个世界经济了。20世纪80年代，中国在经济上是个无足轻重的国家。今天，中国是世界第二大经济体。巴西已经超过意大利。法国、德国、意大利采用了统一货币。巴西、印度、俄罗斯均已超过加拿大。然而七国集团却依旧我行我素，召开会议，仿佛世界仍由它们主宰似的。

假如在今天组建七国集团，那它首先要把中国囊括进来。其次，巴西、印度或俄罗斯取代加拿大也很容易找到理由。最后，1999年，欧元成为统一货币后，欧元区三大成员国，特别是规模最小的意大利，似乎没有道理再单独参加七国集团了。

假如成员资格只以经济标准而非政治影响力衡量，那么我认为，“八大成长型市场”（Growth 8）要比七国集团合理得多。2011～2020年，八大成长型市场的GDP增长总量大约是七国集团的两倍（按美元计算）。中国一国对全球经济增长的贡献将达到七国集团的总和。

1998年卢布危机后，为了适应世界变化，七国集团首脑会议做出调整，邀请俄罗斯组成八国集团。美国政府表示积极支持。美国人希望叶利钦能够领导俄罗斯走向自由市场和民主政治，但七国集团的愿望一直未能实现。虽然八国集团成功组建，但七国集团仍需与时俱进，建立相应论坛，让世界各国的决策层可以定期会面，从而有效解决这个时代的经济挑战。西方民主国家俱乐部早已过时，20国集团也许是目前最好的方案。

20国集团由19个世界最大的经济体以及欧盟组成，国际货币基金组织与世界银行列席参会。1997～1998年亚洲金融危机爆发后，20国集团于1999年举行第一次会议。随后将近10年，20国集团一直处于停滞状态。2008年，布什总统一反不热情支持全球经济合作的形象，召集20国集团领导人，共同探讨全球信贷危机。此时，20国集团的地位才得以巩固。到目前为止，20国集团已经成为最具代表性的团体，能够真正探讨全球经济问题。也许20国集团的成员较多，不利于频繁决策，但20国集团包含金砖四国，比七国集团更合理，也更具影响力。

2004年6月，我与鲍勃·霍马茨（Bob Hormats，高盛公司副董事长，后来担任美国国务院经济、能源、农业事务副国务卿）联合撰文呼吁对七国集团和20国集团进行三项改革：第一，在七国集团财政部长会议上增添中国的席位，形成八国财政部长会议；第二，增加20国集团的实际作用；第三，减少欧洲大陆成员国的代表权，将法国、德国、意大利三国的代表权合而为一。[1]（假如第三项改革获得同意，我们认为，八国财长会议将重新变成六国财长会议。）2006年，彼得森国际经济研究所（IIE）的埃德温·杜鲁门（Edwin Truman）撰文指出，20国集团应当具有较强的全球合理性。[2]他认为，20国集团中大多数国家都可以称为“至关重要的国家”，这些国家的经济表现和经济政策会对全球经济和全球金融体系的稳定性造成影响，它们的积极政策或消极政策都会造成巨大的国际影响。泰德（Ted）认为，这些国家采取任何行动，都需要为全世界负责，为此，它们也需要获得相应的代表权。20国集团也许是最好的论坛，它为成员国提供了与其经济实力相称的发言权。

杜鲁门在研究报告中指出，2000～2005年，20国集团对世界名义GDP的贡献约为77%，其中，非工业化国家的比重为42.7%，超过了七国集团的34%。在非工业化国家中，金砖四国占了最大的比重，这跟现在一样。20国集团不仅包括金砖四国，还包括成长型市场、新钻11国的某些国家，如韩国、印度尼西亚、墨西哥和土耳其。根据杜鲁门对“至关重斯关系变化无常，但美国政府往往会以积极的心态来对待俄罗斯。如今，俄罗斯的石油和天然气至少理论上与世界市场形势息息相关，因此，美国自然有意向与俄罗斯合作。

第二个问题当然是政治问题以及美国与俄罗斯的社会结构问题。政治问题与石油问题密切相关，是美国与俄罗斯建立关系的重要基础。“冷战”结束后，俄罗斯的政治思想主要是重视美国领导人，而不关心执政的是民主党还是共和党。随着俄罗斯经济的发展和人均财富的增长，美国理应发挥重要作用，帮助俄罗斯保持这一良好态势，特别是要帮助俄罗斯建设相对开放的政治环境。随着俄罗斯的成功，美俄关系必然会越来越复杂。美国需要就某些意见分歧采取更加灵活的解决办法。美国人似乎常常以黑/白的思维方式来看待俄罗斯及俄罗斯人的理想。他们似乎常常假定俄罗斯人也希望享有美国一样的社会。但在我看来，俄罗斯人只想要财富和权力，美国式民主似乎无关紧要。美国仍有必要了解俄罗斯人的思想状况。

这又引出了第三个问题，我会在欧洲与金砖四国的挑战背景下更深入地探讨的问题。假如俄罗斯的经济规模和人均GDP都达到德国的水平，美国就非常有必要重新思考自己与战后欧洲盟友关系的方方面面。假如俄罗斯发展壮大，充分发挥了经济潜能，那么欧盟的整个性质都需要做出改变。也许有一天，俄罗斯确实会成为欧盟成员国，而美国也非常有可能乐成其事。

欧洲与金砖四国

欧洲人普遍认为，金砖四国取得成功，欧洲就会受到损害。这种思维方式非常古怪，将会给欧洲经济发展带来巨大障碍。从很多方面来看，它反映了欧洲人的普遍担忧：欧洲似乎再也不能影响世界了，相反，欧洲只能被世界影响。欧洲政治领袖和知识分子的迫切任务就是改变这一错误观念，让大家认识到金砖四国的崛起对欧洲有利。金砖四国中有三个国家与欧洲距离遥远。距离容易导致陌生，因而让人产生误解。人们担忧，中国作为最重要的金砖国家，它的崛起将给欧洲带来极大的挑战。即使俄罗斯距离欧洲较近，至少莫斯科、圣彼得堡等重要城市距离欧洲较近，但这本身也是问题与机遇并存。

另外，欧洲各国对金砖四国的看法也不尽相同。这就更有必要让大家认识到，金砖四国的经济潜能不是威胁，而是欧洲各国的共同机遇。对于经济不够成熟的欧洲国家而言，中国一直是制造业方面的重要竞争对手。对于经济相对成熟、服务行业占较大比重的欧洲国家而言，来自印度的竞争要大于来自中国的竞争。但是，欧洲领导人有必要下大力气，让民众相信金砖四国的崛起、金砖四国的经济潜能对欧洲各国都有利。虽然很多制造低附加值产品的欧洲国家认为它们的制造业将输给中国，但我们只要看一看德国，就会发现这种观点未必正确。德国国内工业生产正在蓬勃发展，出口是其核心动力。

德国高端汽车生产商在金砖四国的业务上呈现出巨大的增长。某些重工业企业，包括化工企业，也是如此。在慕尼黑的知名企业待上一天，你就会看到，中国的情况要比欧洲重要，甚至比德国很多地区都重要。当然，贸易格局的不断变化也会带来某些严重问题，例如，欧洲货币联盟对德国企要的国家”的定义，我们很容易想象这样一个世界：埃及、菲律宾、尼日利亚等其他新钻国家获得了成长型市场的地位，它们至少占了全球1%的GDP，理应获得更大的全球代表权。

当有些国家敲开“G国集团”的大门时，另一个长期存在的问题就是淘汰那些重要性日益下降的国家。一个国家一旦进入G国集团，就很难迫使它退出。我常常在想，国际货币基金组织的重要任务应当是设立G国集团的资格标准。应当根据明确的客观指标，建立升降级制度。资格标准可以包括经济规模、人均财富甚至某些类似于增长环境分数的指标，用以衡量经济增长的可持续性。

管理好国家利己主义，强制实施上述方法，对国际货币基金组织或任何人而言，都是一项艰巨的外交任务。不过一旦取得成功，G国集团的重要地位就能永远保持，G国集团的管理难度就能大幅降低。另外，巴基斯坦、伊朗、尼日利亚等国看到入选成员国的希望后，也会备受鼓舞。一想到自己在条件成熟时，也能参与管理全球事务，它们就会产生强大的动力。苏联的一些东欧盟国迫切希望获得欧盟的成员资格，就是这个道理。

现在，我听到20国集团很多官员和职员反映，集团会议要求非常高，他们几乎无暇处理其他事务，特别是对于荷兰这样的欧洲小国而言，加入20国集团固然可以获得地位和影响力，但伴随而来的还有巨大的官僚作风。20国集团拥有更多的成员，比七国集团和八国集团更为合理，但效果是否更好，目前尚不清楚。

在合理性和有效性之间寻找平衡，是各个全球组织持续存在的问题。2011 年 3 月的日本地震就是一个非常有趣的研究案例。地震发生后不久，日元开始出现莫名其妙、毫无道理的上涨，这使日本出口商雪上加霜。在此危难之际，七国集团而非 20 国集团，出手干预货币市场，压制了日元上涨。

七国集团不把 20 国集团牵扯进来，直接采取行动，可以降低难度，加快速度。具有 20 国集团的合理性，同时又具有七国集团的果断性和灵活性，这样的组织才是最理想的组织。当然，这些组织还要制定指导原则，根据经济现实，适时调整成员资格，同时建立相关机制，对世界经济进行及时的金融干预。

在我看来，入选 20 国集团成员的基本标准应当是，具有庞大的经济规模，GDP 至少要占到全球的 1%。按照这一标准，合格的国家有目前的七国集团、业已界定的成长型市场以及澳大利亚和西班牙等国。南非、阿根廷、沙特阿拉伯这三个 20 国集团成员国将被淘汰。此外，我们还要参考人均财富、发展水平等其他标准。为了确保该集团的效率，应当在 20 国集团的基础上建立更合理的七国集团（或八国财长会议），用于处理紧急情况。

如上所述，要想精简七国集团和 20 国集团的管理，第一步就要合并法国、德国、意大利三国的成员资格，由欧盟统一代表。2011 年 3 月七国集团出手抑制日元涨势时，干预外汇市场的是欧洲央行，而不是各个国家的央行。既然法国、德国、意大利已经采取统一的货币和货币政策，那么它们仍以独立实体参加全球经济会议似乎就是习惯使然。在欧洲货币联盟出现严重危机期间，我常常在想，假如这三个重要成员国步调一致、异口同声，只派一位欧盟财长和欧洲央行行长参加七国集团会议，那么这将会对世界金融市场产生非常重大的影响。

在七国集团中，加拿大和英国的成员资格也很快就会受到质疑。我认为这并没有什么问题。假如七国集团把加拿大和英国排除出去，政治优越感会使两国认为，此举将降低它们的国际地位和经济地位。我不同意这一点。瑞士没有加入七国集团，但瑞士货币比加拿大货币重要，苏黎世金融中心也比多伦多金融中心重要。日内瓦、苏黎世甚至新加坡都比意大利的米兰、罗马重要。

如果把这种精简思维进一步发展下去，那么七国集团就应该缩减成更小的四国集团和四国财长会议。四国集团由欧洲货币联盟、美国、中国和日本组成，主要对未来几年的全球经济事务进行管理。当然，在最近的日元干预中，倘若中国积极参与，其结果要比加拿大和英国更有效。

金砖四国并没有消极等待传统经济强国邀请它们加入某个俱乐部。2009 年，金砖四国领导人决定举行自己的首领会议。6 月，它们在俄罗斯的邀请下，到叶卡捷琳堡参加了为期两天的会议。看到金砖四国变成七国集团的竞争对手，我很高兴。2011 年，金砖四国领导人再次会面，南非获邀加入。至于我的邀请函，肯定被邮局弄丢了。

不过，从某种程度上，我并没有看到这种新政治俱乐部存在的必要。金砖四国都是人口大国，都有可能在未来几十年对全球经济产生重要影响。但除此之外，金砖四国差异巨大。从人口来看，印度和中国都超过了 10 亿，远远高于巴西和俄罗斯。从 GDP 来看，中国几乎是巴西的 3 倍，是印度和俄罗斯的 4 倍。从人均财富来看，巴西和俄罗斯大致相当，但中国高得多，印度则远远落在最后。中国对金砖四国都很重要，但金砖国家相互之间并没有多么重要。在我看来，金砖四国不具备共同的利益或共同的特征，无法在俱乐部式的定期联系、相互联系中获益。

七国集团拥有很多相同的特征，例如，七国集团都是高度发达的民主国家。巴西和印度拥有民主政治结构，但中国和俄罗斯的政治结构与它们不同。2011 年，南非加入金砖集团，只是增加混乱罢了。南非的人口和 GDP 都不如金砖四国。在另外四个成长型市场中，任何一个都更有理由加入金砖四国。倘若金砖四国需要一个非洲成员，那么尼日利亚也符合条件。南非之所以入选，似乎是因为南非拥有雄厚的大宗商品实力，但金砖领导人总不希望金砖俱乐部变成大宗商品生产国俱乐部吧！

无论全球货币体系怎样变化，金砖四国都不可能采用统一货币。尽管欧元存在各种问题，但欧元经济体在结构、财富、政治信仰方面大同小异。法国、奥地利、比荷卢国家、原西德组建货币联盟是有根有据的。当货币联盟扩大规模，吸收葡萄牙、希腊等不够富裕的国家时，货币联盟的信誉开始下降。但不管怎样，这些国家还都是欧洲国家，还都在欧洲大陆上。因此，要在日常生活中使用金砖货币，是没有道理的。除非金砖货币合并了世界其他主要货币，成为新建、扩容后的特别提款权的一部分。我会在本章后面详细讨论。

然而如前所述，我也看到了金砖四国单独召开会议的充分理由——哪怕只是为了证明七国集团不接纳金砖四国，限制金砖四国在国际货币基金组织、世界银行甚至联合国的影响力是非常荒谬的。从人口和规模来看，金砖四国都是大国。

金砖四国加在一起，将会对世界经济增长产生越来越大的推动作用。金砖四国都对全球货币体制的未来抱以兴趣；金砖四国在举行会议时，会讨论如何推进货币和跨境贸易自由兑换的问题。

这些问题会对整个世界造成影响。金砖四国需要在各大国际会议组织中获得相应的代表权。金砖四国不能坐等当权者礼让或邀请。金砖四国需要努力争取与其规模相称的影响力。

至少从目前来看，七国集团在高层政治方面具有更高的效率。2011年5月，国际货币基金组织总裁多米尼克·斯特劳斯-卡恩被迫辞职后，下一任总裁人选之争硝烟四起。欧洲国家紧急动员支持法国财长拉加德女士。拉加德也开始启动环球旅行，争取各国支持。金砖国家的领导人没有采取统一的立场，他们似乎各怀心思，不过一般不会公开罢了。虽然很多评论员表示欧洲人不应把国际货币基金组织的管理大权看成自己的特权，但金砖四国等国却又极少提出反对。国际货币基金组织和世界银行自第二次世界大战结束后建立以来，前者的总裁一直是欧洲人，后者的行长一直是美国人，这反映出20世纪中期经济权力的分配情况。但从现在来看，这显然是不合时代的。国际货币基金组织总裁、世界银行行长应根据能力而非国籍来当选。

一位优秀的国际货币基金组织总裁或世界银行行长必须具备领导这些组织的实际能力，因而必须是经济事务方面的行家。此外，优秀的总裁或行长还需要具备与组织成员进行谈判的能力。有人说，金砖四国目前尚无合适人选出任如此高难度的工作。我不同意。巴西央行前行长阿米尼·弗拉加、印度计划委员会副主席蒙特克·辛格·阿卢瓦利亚（Montek Singh Ahluwalia），都是极好的人选。除了金砖国家，墨西哥央行行长奥古斯丁·卡斯滕斯（Agustín Carstens）似乎也非常有能力。当然，以色列央行行长、国际货币基金组织前高级官员斯坦利·费希尔（Stanley Fischer）同样不错。

在各国寻找多米尼克·斯特劳斯-卡恩的继任人选期间，高盛公司举办了一场金砖四国会议。我在会议中认识到，中国人要想当选国际货币基金组织总裁，必须要突破重重障碍。我与爱尔兰政治家、商人、世界贸易组织前总干事彼得·萨瑟兰（Peter Sutherland）、《金融时报》副主编马丁·沃尔夫在一个小组。有人问我们，中国人当选国际货币基金组织总裁是否合适。马丁和彼得认为不合适，但我不这么想。既然国际货币基金组织没有规定成员方一定要实施西方式的制度，那么非西方式制度成员方的官员为何不能当选这一组织的最高职务？到华盛顿去管理国际组织，也许会让中国推举的人选大吃一惊，但这并非不可能。随着中国的发展、中国国际影响力的显著提高，这种状况必将发生改变。[一]中国等金砖国家完全有可能在未来选出一位自己的国际货币基金组织总裁。

金砖四国必须提高自己的政治手腕。多米尼克·斯特劳斯-卡恩辞职后，金砖四国很多人都在说，欧洲人把国际货币基金组织当成自己的后花园是不公平的，但金砖四国并没有提出双方都接受的人选来对抗拉加德。虽然我说选举总裁的主要标准是看能力，不是看国籍，但金砖四国不能选出共

[一] 此为高盛的观点。

同的候选人，也意味着金砖国家政治俱乐部作用有限，至少目前如此。

为了反映世界秩序的变化，国际货币基金组织和世界银行需要进行自我改革。20 世纪 90 年代，面对陷入困境的亚洲经济体，国际货币基金组织给出了严厉苛刻甚至不合适的政策建议。国际货币基金组织不但名声受损，而且还给人留下了偏袒欧美利益的印象。2006 年，英格兰银行行长金默文爵士（Sir Mervyn King）在印度发表重要演讲，要求国际货币基金组织实施彻底改革。他说，国际货币基金组织只有邀请印度和中国直接参与全球核心决策，才能永保自己的合理地位和重要地位。金默文列举了若干具体的建议，例如，国际货币基金组织应当加强对成员方相应净外部资产和资产负债状况的分析，从而提高对外部冲击危害性的认识；国际货币基金组织应当对成员方相应汇率提出具有指导意义的大胆建议。唯有如此，国际货币基金组织才能发挥重要作用，纠正全球资产负债表的严重失衡。

彼得森国际经济研究所的埃德温·杜鲁门甚至在研究报告中建议国际货币基金组织彻底改组理事会，将欧盟成员国的 10 个席位缩减至 1 个，同时吸收更多的亚洲、非洲国家加入，并相应调整国际货币基金组织条款中规定的表决权和股份。通过这些举措，国际货币基金组织将会变得更加活跃、更加强大，发布的建议也会令人信服、令人尊敬，从而达到巩固世界货币制度和汇率制度的目的。

2009年，在全球信贷危机的严重影响下，20国集团领导人召开会议时，同意了国际货币基金组织表决权和所有权结构改革的中心议题达成了一致意见。2010年年底，20国集团就具体层面的改革达成一致意见。到2013年，这些改革将全部完成。届时，中国的表决权份额将增长到6%以上，排名第3位，仅次于日本。其他三个金砖国家也都将挤入前10位，这与金砖四国日益上涨的世界经济比重是基本一致的。与信贷危机之前相比，这当然是个巨大的进步。但国际货币基金组织能否与时俱进，跟上金砖四国的增长步伐，仍然有待观察。从某种程度上讲，这既取决于金砖四国能否像我预期的那样实现经济增长，也取决于金砖四国各自的领导能力。为了反映这些动态变化，国际货币基金组织应当把改变领导层结构列为全部工作的首要任务之一。

由于金砖四国及其他成长型市场与世界各国的关系越来越紧密，这些国家的政治领导人将会对全球货币体系产生越来越大的影响，他们对全球货币体系的依赖性也将越来越大。与此同时，内部稳定将继续成为这些国家的首要目标。能否控制通货膨胀，能否让老百姓过上幸福生活，在某种程度上取决于能否采取正确的货币制度。例如，随着中国的繁荣发展，中国必须加大对汇率问题的重视程度。这意味着中国很有可能放宽对人民币币值稳定性的控制，当然，前提是不以牺牲国内通货膨胀控制为代价。近年来，中国通过购买大量的外汇，控制了人民币对美元的稳定，使中国的出口呈现出高歌猛进的增长。但随着中国的发展，随着中国人均财富和需求的增长，中国政府可能必须不断完善人民币汇率政策。这并不是说中国经济相对于英国、欧元区或美国会出现剧烈波动，因为英镑、欧元、美元相互之间也存在上下浮动。控制国内物价远比控制货币对外价值重要。

中国害怕汇率失控。但凡经历过货币危机的人，都知道汇率失控的悲惨结局。利率飞涨，通货膨胀加剧，货币供给等枯燥无味的技术细节成为政治讨论的主要话题。

第二次世界大战后，布雷顿森林体系正式建立，它通过汇率管制来规范国际货币体系。1971～1973 年布雷顿森林体系崩溃以后，浮动汇率制度登上舞台，并沿用至今。尽管浮动汇率制度存在某些缺陷，但面对世界发生的巨大挑战和危机，都有良好的表现。浮动汇率制度成功渡过了 20 世纪 70 年代的石油危机、20 世纪 80 年代的拉美债务危机、20 世纪 80 年代末 90 年代初的欧洲货币体系危机、1997 年的亚洲金融危机、1998 美国长期资本管理对冲基金的崩溃、2000～2001 年的互联网泡沫以及 2007～2008 年的全球信贷危机。世界各大货币虽有波动，但大都可以预测。

我认为，随着时间的流逝，汇率最终可以反映出该国的购买力平价（考虑相对生产力因素）。自从我 1995 年进入高盛公司以后，就一直喜欢用这种方法来了解汇率走势。我也是在此基础上建立了高盛动态均衡汇率模型。其核心思想是，在资金投入一定的情况下，货币之间应以一定的价格进行兑换。后来，为了反映不同货币区域的相对生产力，我对这一指数进行了相应调整。

我在前面解释过，在购买力平价理论下，纽约一杯咖啡的价格换算成欧元后，同样能在巴黎购买一杯咖啡。在生产力较高的经济体中，咖啡制作与服务的资金投入可以更高效地使用，咖啡的价格也应更便宜。因此，相对生产力可以反映某一货币的需求。生产力较低的国家，货币往往疲软；而生产力较高的国家，货币情况相反。从美元相对于其他各大货币的长期表现可以看出，美国的生产力将继续领先大多数其他国家，因而能够吸引资本流入，抵消经常项目赤字。当然，这种平衡也会出现上下波动——近年来，美元主要是向下波动，从而反映经济的周期发展。不过，货币的基本趋势始终取决于相对价格和生产力，少有例外。

高盛动态均衡汇率模型有助于我了解货币的走势。20 世纪 70 年代以后，日元对美元及世界其他货币面临着巨大的升值压力。日本经济持续走强，生产力遥遥领先。不过，20 世纪 90 年代中期以后，日本经济增长急剧放缓，相对生产力优势尽失。此后，日元对美元的均衡汇率开始稳定下来，直到 2008 年全球信贷危机之前，日元美元交易一直没有出现大起大落。当然，在过去几年中，日元再次走强，不过按照高盛动态均衡汇率模型来看，此次走强毫无根据。日元重新走强似乎只是美国疲软和美国利率非常低的反映。日元走强能否持续下去，我个人表示怀疑。

过去 12 年，欧元逐步取代了德国马克和其他欧洲货币，这使得欧洲货币对美元的动态变化更难监测。按照高盛动态均衡汇率模型，欧元的币值波动大于日元。不过，人们普遍对欧元的长期表现充满预期。就此而言，美元、日元、欧元三大货币的发展变化符合高盛动态均衡汇率模型的基本预测。当前的货币制度非常适合这些国家。

将这一模型运用到金砖经济体后，我们很容易看到，在未来几十年中，金砖四国对美元及其他各大货币的实际均衡汇率将大幅上升。倘若金砖四国的货币管理局能够成功控制通货膨胀，这将意味着名义汇率升值。根据高盛公司金砖四国增长模型，到 2050 年，预期货币升值将占到 GDP 美元值的 1/4。假如金砖四国的货币未能按预期路线发展，那么未来预期名义 GDP 就未必能够完全实现。不过，根据长远历史和近期事件来看，我们认为，金砖四国的货币能够按照预期路线发展。

不过，要想到达到这一目标并不容易。既要实现经济发展，又要允许货币在汹涌澎湃的外汇市场自由浮动，这对任何国家来说，都是胆战心惊的考验。在所谓的新兴国家中，汇率制度各种各样。巴西的里拉、韩国的韩元实行宽松的自由浮动制，中国的人民币、印度的卢比则实行严格管理的汇率制。在欧洲，很多经济强国放弃自由浮动的本国货币，加入欧洲货币联盟。随着世界贸易平衡的变化，世界资本市场的发展，世界货币体系很难保持不变。金砖货币的币值变化，尤其是金砖货币的使用情况，将成为国际社会的重大问题。

事实上，金砖货币未来融入全球货币体系几乎是毫无疑问的事情。原因何在？不妨考虑一下当前和未来十年世界经济的可能走向。到 2020 年年底前，金砖四国的经济总量将超过美国。到 2030 年年底，中国将达到美国的规模[㊀]，巴西、

㊀ 此为高盛观点。

俄罗斯、印度也将与七国集团不相上下。㊀全球货币体系可能没有这些全球最大经济体的货币吗？不可能。

对于金砖四国本身而言，这是一个至关重要的国内问题。金砖四国的决策层要想保持较低而稳定的通货膨胀水平，就必须处理名义汇率升值的后果。我已经说过，采取更加灵活的汇率制度是控制通货膨胀的有效手段，任何心怀大志的发展中国家都应将其列为首要任务。另外，灵活的汇率制度还有助于解决当前国际收支失衡的问题，例如中国持有巨额的外汇储备。多年来，中国通过出口商品、储藏美元和美国国债，一直处在美国贸易逆差和经常账户赤字的反面。美国一直在对中国施压，要求人民币名义汇率升值。2010 年和 2011 年，中国确实允许人民币名义汇率略微升值，但这种升值速度无法抵消先前立场的影响，结果，中国经济出现了一定程度的通货膨胀。中国如何处理好汇率管理与通货膨胀管理这一经典矛盾，将决定未来中国与世界的关系。

巴西又是另外一种模型。为了结束数十年来的恶性通货膨胀和随之发生的货币崩溃，巴西于 1999 年正式实施通货膨胀目标制。此后，巴西经济开始稳中有增，巴西货币也深受投资者欢迎。这在几年前是不可想象的。巴西里拉也许正在成为重要的国际货币。

金砖货币的崛起最终会威胁到美元在国际贸易、金融和汇率中的霸主地位。从金砖四国财长和领导人发布的公报中，我们很容易看出，在金砖四国的双边贸易中，美元结算越来越少，本币结算越来越多。随着金砖四国的持续增长，

㊀ 此为高盛的预测和分析。

它们的规模将赶上美国和七国集团，本币结算也一定会继续增长下去。

这将对世界其他国家产生难以预料的影响。欧元不仅要应对当前的巨大挑战，还要应对未来金砖货币的挑战。在未来 20 年中，金砖四国中只有中国有可能达到美国或欧洲的规模。不过，印度和俄罗斯或许能达到意大利、法国、德国甚至日本的规模。

虽然巴西、印度和俄罗斯货币在贸易和投资中的使用需求越来越大，但金砖四国绝不可能共用一种货币，从而确保金砖经济在货币层面的总体影响力。我很难想象这种统一的货币。最近，欧洲货币联盟出现的一系列问题，加深了人们对欧元区国家数量的质疑。使用外部货币，从小处看，意味着失去对货币政策的总体控制；从大处看，意味着同意对国内财政甚至经济政策实施主权货币所不需要的严格限制。金砖四国由于存在诸多差异，因而很难达到一致，共用一种货币。

只有人民币有潜力和美元、欧元一道，成为全球储备货币。中国即将成为世界最大的出口国。在未来十年中，即使中国的出口增长速度只有 2000 ~ 2010 年的一半，中国仍能轻松成为世界最大的出口国。在中国成为世界最大的经济体和最大的出口国之后，人民币若不能承担美元、欧元一样的重要角色，简直是不可想象的。[⊖]随着中国资本市场的发展，投资者将会要求拥有更多的人民币，从而持有更多的中国资产和债务。到 2030 年，全球股市的中立基准必将是大幅增加中

⊖ 此为高盛观点。

国等金砖国家的投资比率，金砖货币的需求量也将随之增长，这一点我将在第9章中讨论。

我们看到，这一趋势的种子已经播在了中国香港。中国似乎非常希望把中国香港发展成为境外人民币中心。2010年中期，中国政府允许中国香港扩大人民币的使用范围后，很多人抓住机遇，开始持有人民币。另外，中国香港人民币债券市场也在不断发展。2011年2月，世界银行率先发行人民币债券。一些跨国公司也竞相效仿，其中麦当劳是第一个。

在未来某个阶段，中国或许有可能允许人民币完全自由兑换。届时，无论是中国人还是外国人，都能自由使用人民币，无任何限制。很多外国人肯定希望如此。今天，英国及其他重要国家的财政部并不能真正持有任何人民币储备。也是由于这个原因，很多养老基金无法到中国投资。一旦这种情况改变，数额巨大的国际资金将能轻易流入中国。

当然，其中也有风险，中国等金砖国家小心翼翼是正确的。这些国家担心交易员让货币变得不稳定，不希望在国内金融市场完善以前贸然推行自由浮动汇率制。美国不会因为中国而关心人民币的可兑换性，美国之所以希望人民币升值，是因为这有助于美国的制造业。但美国也要注意，假如人民币大幅升值，美国企业将离开中国（届时相对昂贵），返回美国（届时相对廉价），假如美国国内产业不能获得显著利益，美国就再也不能把经济衰退怪罪到中国头上来。虽然人民币升值对美国有利，但毛里求斯、孟加拉国甚至墨西哥等国也将从中受益，因而降低了美国的直接利益。我始终认为，中国消费者的崛起要比人民币升值更有利于美国经济的健康发展。

对于这些货币问题，中国早就给予了非常充分的思考。1997 年亚洲金融危机证明，中国有能力看到问题的本质（日元走弱），并说服美国加以干预，足见中国对世界经济发展态势的准确认识。中国希望建立一个自己可以控制的外汇市场，也许这就是他们心目中的布雷顿森林体系。有人认为，实施浮动汇率，减少货币管制，可以让世界更加美好。我确实支持这一点，但我绝非教条主义者。

很多西方人认为，自由浮动和自由兑换是唯一的选择。在未来，人民币也许会遵循另外一条道路。我之前也在坚持传统的观点，认为：随着中国资本市场的日趋成熟，随着中国放宽对贸易和汇率波动的控制，人民币必然会成为自由浮动、自由兑换的国际货币。但在过去几个月中，我开始设想另一种不太传统的货币前景。试想，中国成为世界最大的经济体之一后，中国政府仍不允许人民币自由浮动，不允许人民币在境外自由使用。试想，中国等金砖国家努力让我们相信，自由浮动的货币制度并不是我们想象中的那么有用，于是新的货币制度就会出现。

西方经济学家往往认为，发展中国家沿预定轨道发展，就会更加开放；全球连通将带来更多的稳定。但我越来越怀疑中国等金砖国家是否会热情欢迎浮动汇率制，允许本国货币朝储备货币方向发展。虽然美国、英国、澳大利亚、加拿大等发达国家仍然坚信浮动汇率制的优越性，但这并不是说金砖四国也有同样的热情。

推行欧元的准备工作都是有前例的，长期以来，美国政府乐于享有美元的储备货币地位，但并非所有的欧洲人，特别是德国的决策层，都希望欧元也能有这样的命运。成为储备货币需要付出一定的代价，尤其会导致需求的增长，这将严重消耗货币发行国的国际收支平衡。在欧元出现以前，德国决策层从未希望德国马克成为储备货币，否则德国在制定国内政策时，就必须考虑外部影响。

随着中国经济的发展壮大，希望使用人民币进行贸易和投资的人将越来越多。对于中国的货币官员来说，是否要让人民币成为储备货币，将成为越来越严峻的问题。我相信，中国的决策层一定会认真思考人民币国际地位提升后，可以达成什么样的目标。

当中国领导人谈到建立国际货币新体系的重要性时，他们并不是简单地要将人民币提升到储备货币的地位。2009年，中国人民银行行长周小川注意到，“此次金融危机的爆发并在全球范围内迅速蔓延，反映出当前国际货币体系的内在缺陷和系统性风险”，呼吁世界“创造一种与主权国家脱钩的国际储备货币”。他提到了“特里芬难题”。特里芬难题最早由美国经济学家罗伯特·特里芬（Robert Triffin）提出。特里芬注意到，在汇率固定的布雷顿森林体系中，储备货币供应国为了跟上货币需求，最后总是以国际收支赤字而告终。美国不断印制美元，中国和日本不断购买美元。

在这种情况下，我也开始思考所谓的特别提款权（SDR）能否发挥更大的作用，能否吸纳更多的金砖货币。这一思想在决策层和学术界中越来越流行，并于2011年法国举办20国集团会议期间由法国提出。特别提款权是对美元、英镑、欧元、日元篮子的权利，由国际货币基金组织分配给成员方，是外汇储备的替代方案。特别提款权是国际货币基金组织的记账单位，并非美元或欧元这样的真实货币。按照国际货币基金组织的规则和惯例，特别提款权的组成货币每五年调整一次（最近一次发生在2010年）。组成货币由两方面因素决定：一是货币发行国出口贸易所发挥的相应作用，二是货币在央行外汇市场中的使用情况。法国建议应把人民币纳入货币篮子。不过为谨慎起见，法国并未透露具体时间。由于中国的出口举世瞩目，把人民币纳入货币篮子似乎大势已成。中国占世界贸易的比重越来越大，中国不加入特别提款权将越来越说不通。

不过，人民币目前并非央行储备管理的重要货币，这削弱了上面的论点。人们常常认为，国际货币基金组织规定，货币需能自由兑换，才有资格加入特别提款权。因为按照常理，货币不能自由使用、自由兑换，国家就不会希望在外汇储备中持有这种货币。不过，我认为，法国政府的想法是，把人民币纳入特别提款权，可以促使中国加快资本账户自由兑换的步伐，加快人民币升值的步伐。中国能否看到人民币及早加入特别提款权的好处，特别是此举能否促使中国加快制定人民币使用范围的时间表，仍有待讨论。

另外，也有人严重反对扩大特别提款权的使用。假如把人民币纳入特别提款权的目的是为了撬开中国的货币体系，那么一旦成功，投资者又为何要持有特别提款权？假如投资者已经可以自由使用人民币及其他流动性很高的货币，那又为何要劳烦特别提款权？今天，私人投资者不大量持有特别提款权的一个重要原因是，他们可以轻松买卖组成货币。一个更重要的问题是，要想把特别提款权变成世界货币，就必须建立世界央行，对其进行支持。我不相信美国等经济强国会为了融入世界货币体系而放弃对国内政策的控制，甚至连提出这样的举措，都需要一位大胆的政治家。

关于中国，我还想知道，假如中国有兴趣扩大特别提款权，是不是因为中国希望完全控制货币，不允许人民币完全自由兑换，因而不用承担外部责任？当然，中国希望扩大特别提款权也有可能是因为中国对未来美元的持续地位紧张不安。总而言之，即使中国成为世界最大的经济体和贸易国，我也不敢百分之百相信中国决策层会允许人民币像美元一样自由流动、自由兑换。

不过，有一点是千真万确的：假如世界经济能够按照我的预期继续增长，国际货币体系就很有可能发展出一套截然不同的模式。

第9章

投资与繁荣

现在，大家应该知道，我不会再把金砖四国看成新兴市场了。它们是当今世界的重要组成部分。如果有人对我说，他们希望投资金砖四国这些新兴市场，我会叫他们马上离开。（有时候他们没有看出我是在开玩笑。）

金砖四国不同于乌克兰、委内瑞拉等传统的新兴市场，不能用新兴一词来形容，但我还是会经常碰到把金砖四国当成新兴市场的人。最近，美国某养老基金经理对我说，他的受托人不让他投资金砖四国，理由是，“这些国家只会抢走别国的工作”。他问我怎么办。我半开玩笑地对他说：“那就寻找新的工作吧。”我们总是无法摆脱过往的行为方式。到今天，仍把金砖四国当成新兴市场，仍用陈规旧制来分析焕然一新的国家和企业，岂不荒谬？为了帮助人们摆脱这种落后的思维方式，我们在高盛公司提出了成长型市场的概念。

问一问杰西博（JCB）、博柏利（Burberry）、WPP、通用汽车等跨国公司，中国是新兴市场，还是决定它们现在和未来的重要国家？

最早认可且最相信成长型市场概念的是这些跨国企业，

而不是西方投资者。这些跨国企业不像很多投资者那样，被政府制度和经商规则所困扰。2001年，技术、互联网、传媒类股票市场泡沫破裂后，很多企业规划师和经理人急欲寻找新的投资方向。金砖四国概念一经提出，便成了新的关注热点。有趣的是，那个时代创造的技术，为这些人拓展遥远的机遇提供了很多便利。

我需要时不时调整我对金砖市场的看法。我有一个长期的基本偏见，自然倾向于一种乐观情绪，因而会对未来几十年的机遇非常看好。但短期来看，不同国家、不同投资、不同市场，全都大不相同，这主要取决于我对它们的价值评估。预测金砖四国，就像预测任何经济趋势一样，总会有各种各样的干扰因素影响人们对现实的看法。为了正确评估投资时机的好坏，我们必须看到表象背后的实际价值。

我们必须关注证据，克制情绪。投资金砖四国和投资其他国家一样，我们必须考虑流动性、投资目标、投资宗旨、潜在回报与价值评估。虽然我对金砖四国的长期预测深信不疑，但今后出现新证据时，我们有必要保持客观。

我们很容易被某一商业主题的势头冲昏头脑，这使很多投资者的市场估值远远高于合理价值。如果这种情况发生，某一证券或股票估值过高，那么不管主题是什么，撤资通常都是正确的。金砖四国也是如此。相反，如果某一证券或股票价格便宜，评论人员和媒体都不看好相关主题，那么这往往就是不错的投资时机。现在，互联网让每个人都能同等接触信息，要想发现估值失真，就需要勤奋、经验以及一些直觉和猜测。聪明的投资者能够看到价值是否合理，能够在主题变化之前，乘势而上，顺势而出。一次成功已非易事，更何况一辈子都成功。

我在外汇市场做过多年，从中学到了两点。第一，不要轻易接受大家都认为会永远上涨的投资主题；第二，不要相信投资能够长时间大幅度偏离其合理价值。美元、日元以及历史相对短暂的欧元，莫不如此。根据高盛动态均衡汇率模型，欧元对美元的合理价值应为1.20美元。2000年有段时间，欧元的兑换值不足0.90美元，分析师直接将欧元称为垃圾货币。这时，如果我们能够反向思考，就会很有趣。同样，几年前，当欧元上涨到1.60美元时，人们说，美元将永远下跌。这时又是探究欧元下跌趋势的良好机会。

虽然金砖四国是如此宽泛、如此宏大的主题，但同样适用上述规则和标准。市场有没有将所谓的好消息反映在价格中？倘若一切都显而易见，那一定是你遗漏了某些东西。我做过30年的金融工作，我知道，当一切都清楚时，我们应当停止对这一概念的投资：形势不可能再往上好了，除非有新情况出现。因此，在金砖主题变得越来越大的时候，我们必须保持客观，我们必须看到，金砖主题也有饱和过剩的一天。

前面说过，随着金砖四国占世界GDP的比重越来越大，金砖四国的资本市场必定会有所发展，国内外投资者投资金砖四国的机会也会随之增多。随着金砖四国投资阶层的扩大，金砖经济体的投资供给与全球投资需求都将发生变化。只要政府发展经济的愿望持续存在，投资者就有可能看到更成熟的股票市场和信贷市场，就有可能看到更完善的法律法规。

目前，金砖四国的故事已经远远超出了投资领域的狭小范围。2010 年 4 月，我应邀到伦敦参加菲利普斯·德·普里拍卖行（Phillips de Pury & Company）举办的金砖四国艺术展开幕式。董事长西蒙·德·普里（Simon de Pury）在展品目录的前言中写道："艺术界和商界一样，'东方化'正在快速取代几十年来的'西方化'。"我们看到，中国和印度的经济出现了惊人增长，投资领域又何尝不是如此。

在伦敦，金砖精英购买足球队，购买房地产，购买艺术品，足见其积累的巨大财富。从春末一直到夏天，温布尔顿网球锦标赛、切尔西花展等一系列活动到处都有印度人和俄罗斯人的身影。很多经过我办公室的巴西和中国投资者，无不大包小包，满载而归。

我最喜爱的足球也在与金砖四国发生越来越密切的关系。2014 年，巴西举办世界杯；2018 年，俄罗斯举办世界杯。同样，2008 年，北京举办奥运会；2014 年，索契举办冬奥会；2016 年，里约热内卢举办奥运会。在不久的将来，印度也会举办这些赛事。另外，世界某些学术机构也开始设立金砖四国研究所，并举办金砖四国系列讲座。2009 年，我获得了里约热内卢某大学的邀请。我相信，今后一定会有更多的邀请。

另外，《福布斯》杂志世界亿万富翁年度排行榜也反映了金砖四国的崛起。2011 年年初，在世界 1 210 位亿万富翁中，金砖四国有 301 位，比欧洲多 1 位。这与金砖四国占世界 GDP 的比重大致相同。2010～2011 年，金砖四国新增 108 位亿万富翁，可见金砖四国经济增长之快。在金砖四国中，仅中国一国就有 115 位亿万富翁。有人认为《福布斯》杂志对中国亿万富翁的数量低估了一半。据中国香港一位朋友估计，中国的亿万富翁目前已经超过美国，他的怀疑不出几年就会变成现实。《福布斯》杂志排行榜只是从另一个方面反映了金砖故事的多面性：从一个方面看令人不安，从另一个方面看又势不可当。

当然，金砖四国的亿万富翁超过欧洲，而 GDP 甚至人均 GDP 却低于欧洲，这说明金砖四国存在着不平等的现象。

历史表明，这种情况不足为奇。当国家财富快速增长时，精英阶层获益最大。在某些情况下，当财富积累速度放缓后，特别是当国家陷入通货膨胀或周期性衰退时，政治问题和社会问题就会大量增加。社会不安，对经济精英的不满情绪，必然会随之出现。为了避免这种情况，央行必须控制通货膨胀，并采取措施让更多的人参与到财富创造中来。这是摆在金砖四国面前的重要而必须体验的挑战。

在我最初构想金砖四国概念的时候，投资者如何充分利用这一经济主题是非常难于回答的问题。新兴市场曾让投资者非常棘手，再加上那时科技股泡沫破裂未过多久，很多投资者似乎没有看到金砖主题的重要性。

其实，快速抓住金砖机会的是跨国公司，而非西方投资者。倘若投资者能在金砖四国尚未引起重视之前投资金砖四国，那么获得收益就变得非常容易。再一次强调，投资时跳出大众思维，是有好处的。

我常想，虽然商务出差可能会减少与家人朋友的相处时间，但却是了解世界变化，特别是金砖四国变化的关键。那些很少出差的人，那些对政治治理抱有偏见的人，似乎总是认为投资金砖四国的风险大于机遇。直到今天，我仍会碰到很多对金砖四国所有机遇都表示怀疑的人，怀疑程度因具体国家、投资形式而异。当然，也有一些人看到了金砖经济的快速增长，然后坐等泡沫破灭。也许金砖故事会在未来某一天让人大失所望，也许金砖故事会变成重大泡沫，不过，也许2050年的梦想情景最终会实现。倘若如此，金砖主题就是几千万人都会积极支持的主题。

对于金砖四国，我们必须冷静客观，不能盲目乐观，就像我们对待其他投资机遇一样。在金砖四国中，上市股本、非上市股本、定息债券、大宗商品、外汇等市场都处于不同的发展阶段。有些市场的流动性、开放性更强，有些市场的监管更完善。但从宏观来讲，我认为，金砖四国的经济正在朝更成熟的方向发展。我们看到，这些市场会发展壮大，会变得更加开放。

相对成熟的资本市场，可以增加金砖四国投资公债、管理增长的灵活性，可以让金砖四国更好地融入全球金融体系。对于金砖四国的个人而言，经济增长有利于制定更好的投资计划、养老金计划和保险计划，而这又能创造巨大的投资资金池。

这些资金将彻底改变世界的金融体系。由于金砖经济越来越庞大，越来越健康，越来越有影响力，我认为，是否投资金砖四国之争已是多余。金砖四国不再是特殊现象。金砖四国应当成为和美国、英国、日本等发达市场一样的投资地点。我希望那时我仍在积极关注投资市场。

这并不是说直接按日甚至按年对金砖四国进行投资。考虑到金砖经济体的快速变化，要想评估未来收益及准确的市盈率，就需要认真判断，甚至比投资其他市场还要认真。与金砖四国相比，预测未来 10 年英国等国的经济增长仍然要相对容易一些。这些国家的人口和生产力都不会出现太大的变化，因而基本趋势是稳定的。成熟的经济体不会随着时间的推移而严重偏离基本趋势。但要想预测金砖四国经济增长的准确趋势，就非常困难，因为我们无法确切知道金砖四国增长率的基本趋势。

金砖四国的增长趋势已经有所提高，在未来某些情况下还将进一步提高，这是我的核心理论，也是我信心的来源。但是，金砖四国也有可能在快速增长几年之后，突然出现急剧放缓的局面，只是我希望这种放缓是短暂的。俄罗斯就是个很好的例子。2007 年之前，俄罗斯的增长速度远远超出了预期，我们认为这是不可持续的，但当时很多人却认为俄罗斯的经济增长会一直持续下去。到 2008 年，我们发现，俄罗斯的经济增长出现大幅放缓。现在，有些人又开始秉持相反的观点，认为俄罗斯在未来不会有太大的增长。这种可能性同样很小。对于俄罗斯等金砖国家及 N-11 经济体而言，基本趋势中难免会出现周期性波动。

具体而言，并非所有的金砖市场都一样，当然，金砖四国国内市场的表现也并不总是与预期 GDP 增长速度一致。2001～2010 年，中国是 GDP 增长最快的金砖国家，但中国的股市表现却比较平庸。这让很多人以为中国，特别是中国股市，不是投资的好地方。但我们要注意到，在过去十年中，中国股市的表现虽然不如其他金砖国家，但却远远好于美国和欧洲。

长期以来，经济师和投资策略师一直在争论 GDP 增长能否作为股市表现的有效指标。在过去 50 年中，瑞士 GDP 增长较为缓和，但瑞士股票却是最赚钱的股票之一，轻松超出了摩根士丹利新兴市场指数的长期预测。有人说，这恰好证明了新兴股市最后一定会令人失望的结论。但我认为，这种历史证据与金砖四国的核心理论没有关系。

金砖四国经济的近期表现和未来表现，是前所未有的，它将彻底改变全球经济，进而改变经济史。如果金砖四国之梦变成了现实，那么过去 50 年的证据就变得毫无意义。总而言之，金砖四国将成为与众不同的国家。倘若如此，那么今天投资金砖市场，就能在未来获得不可思议的收益，这与过去的长期历史无关。

我们对 2050 年经济增长的预测，促成了金砖四国专项基金投资行业的诞生。高盛资产管理等公司专门推出了金砖四国股票基金。目前投资已超过 200 亿美元。

金砖四国的投资市场仍然存在着巨大的增长空间。金砖市场和新兴市场上市企业的市值将从 2010 年的 14 万亿美元增长到 2020 年的 37 万亿美元，再到 2030 年的 80 万亿美元——占全球股票市值的百分比从 31% 增长到 44%，再到 55%。这将超过发达市场上市企业的市值。根据高盛公司估计，中国企业市值将于 2030 年超过美国。[1]当这一过程不断加速时，发达市场的储户为了平衡自己的投资组合，就一定会购买更多的新兴市场股票。从 2011 年起，高盛资产管理公

[1] 此为高盛的预测。

司开始设立 N-11 国基金，虽然国际环境危机重重，但我们看到，投资一直在稳定地流入该基金。

2010 年 9 月，我的同事慕天辉（Timothy Moe）、Caesar Maasry 和邓启志（Richard Tang）估计，到 2030 年，当前所谓新兴市场的股票将占到西方投资者中立投资组合的 18%。这就需要净购入 4 万亿美元的股票。[1]如此规模的收购，以及发达市场投资组合对更多金砖市场和新兴市场股票的涵盖，将降低这些投资者股票投资组合的波动性。对于金融机构而言，这是个巨大的机遇，但这也需要商业资源投资和更多的本地化。

金砖四国基金到底是不是营销主题，行业内仍有很大争议。有人认为，投资者应当远离这些主题类投资。我在高盛资产管理公司担任董事长期间认识到，这是资产管理行业面临的一个重要概念问题。客户希望得到优质、可靠的服务，当然也希望获得良好的回报。主题类投资基金也许是筹集资产的良好方式，但未必能给客户提供良好的体验。主题类投资基金主要依赖投资经理的成功，但我认为金砖四国不一样。金砖四国是非常强的投资主题，你可以制定很明智的投资策略。随着金砖经济故事的继续展开，金砖四国特别基金投资行业的各个资产类别都会有极大的增长。

透过 2010 年慕天辉等人的研究报告，我们有望在未来 20 年看到全球股市的重大转变。在我担任高盛资产管理公司董事长的道路上，慕天辉等人的研究成果对我产生了影响，而我也在想方设法向我们的投资者解释并衡量金砖四国的未来状况。

其中最重要的一点，就是建立有效的基准。问题是，面对金砖四国这样的新现象、这样的非凡奇迹，我们应该采取哪个基准呢？我想先对市值基准和 GDP 加权基准的优缺点做个比较。我的第一反应是，市值基准过于强调企业的前期业绩，无法兼顾金砖经济的惊人变化。我觉得市值基准会引导投资者选择资本化程度高、估值充分的股票。随着思考的深入，我发现，GDP 基准法恰恰相反。我前面已经说过，很多发达国家的跨国公司来到金砖四国及其他新兴市场后，收益呈现出快速增长的态势。GDP 加权基准不会承认这一点，最后可能会对金砖四国的投资比率加上过高的权重。那些只以 GDP 增长预测为投资依据的人，一定没有注意到增长了数十年的瑞士股票。

比较好的做法也许就是将二者结合起来。说来也巧，在我解决问题的过程中，高盛公司定量研究人员正好在研究投资者投资组合的波动特征。2007 ~ 2008 年全球信贷危机期间，股市严重下跌，很多传统投资信念随之瓦解，这迫使我们认识到，投资者对绝对回报的兴趣要远远高于投资相对于基准的表现以及投资组合的波动性。在趋于崩溃的股市中，你若能拿自己与他人作一比较（基准法的核心），而不只是关注绝对回报、正收益，你马上就会产生饥饿感、穷困感。我越来越喜欢说这样一句话：“投资者不爱吃相对回报，他们爱吃绝对回报。”

为了让投资者在困难时期获得信心，我的法宝是，既要让波动最小，又要兼顾世界各地上市公司的收入增长。倘若做到了这一点，你的投资组合就能避开估值最高、资本化最高的股票，同时又能加大对成长型市场的投资比率。这种方法是对各个国家施加中立权重，而目前最常用的方法是以摩根士丹利国别加权指数为基准，二者大不相同。

寻找正确的基准不仅仅是单纯的技术问题。即使在高盛内部，也有同事担心，倘若金砖四国之梦永远无法实现，那么我们率先改变基准，就可能会对我们的品牌造成损害。我理解他们的谨慎，但我们必须与时俱进，维持品牌，并表现出我们的领导者地位。我提出的方法能否产生影响力，只有时间能告诉我们答案。

在投资界，各种矛盾信息铺天盖地，我们必须正确认识很多问题。基准问题只是其中的一个。

从宏观经济角度来讲，我认为，目前全球经济的增长速度比过去 30 年更快。这与全球信贷危机后和 2011 年夏天笼罩西方的悲观情绪相反。我想通过分析经济增长与资产回报的关系来向投资者证明这一点。我指出，经济增长与资产回报的关系反映在股票风险溢价（equity risk premium）里面。所谓股票风险溢价是指具有市场平均风险的股票收益率与无风险政府债券收益率的差额。

受金砖四国影响，目前世界经济年均增长率为 4% 以上；过去 30 年，这一数值为 3.7%。如果经济增长趋势可以反映收益的长期增长趋势，那么这就意味着世界各地的企业收益增速要高于过去。股票风险溢价含有很多有用的投资信息。如果股票风险溢价在长期历史中相对较高，那么它很有可能在未来几年降回来。它会在股市走强和无风险利率（政府债券收益率）提高之后降回来。如果股票风险溢价相对较低，例如2000～2002年时，投资者权益就得不到充分保护，随着股票风险溢价的提升，股票就会表现差劲。除了较高的全球收益外，目前的股票风险溢价也较高，因为股息收益率较高，政府债券收益率很低。

我认为，近年来股票风险溢价提高意味着股票应该在未来几年上涨。但我们并不能判断是投资那些拥有较大的金砖四国投资比率的西方企业好，还是直接投资金砖四国好。对于今天的股权投资者而言，这是最难的问题。

全球信贷危机后，中国于2009年开始大幅增长银行贷款和信贷。其中有些贷款可能无法创造回报。过去10年，中国政府面对日益严重的不良贷款问题，不得已而动用外汇储备重新调整银行的资本结构。这一点我不是没有看到。中国政府今后可能还会这样做。如果不加使用，又何必持有如此巨大的外汇储备？我深知，中国近10年的蓬勃发展得益于出口和投资。未来一二十年，这种情况很难再次发生。倘若真的发生，恐怕后果堪忧。中国现在需要以消费为主。

对于中国等金砖国家的商业影响力，我认为，乐观的理由多于悲观的理由。我与跨国企业交流时发现，联合利华、雀巢集团甚至高盛公司的同事，都对金砖四国、成长型市场抱以兴奋的态度。2010年，美国卡夫食品公司收购英国吉百利公司时，英国媒体称，此次收购意味着英国品牌输给了美国巨头。其实，此次收购的真正意图是吉百利公司在印度的业务。英国市场并非卡夫公司考虑的重点。

过去很长一段时间，我都与美国汽车厂商有交流。他们对汽车行业一直很绝望，但今天不一样。自从金砖主题启动之后，跟他们交流就变得其乐无穷了。经济增长改变了他们的悲观情绪。我们甚至可以说，美国通用汽车公司更像一个中国企业。

投资中国股权需保持谨慎是有原因的。有些上市公司并非优质企业，不具备持续赢利的商业模式。投资者痴迷于中国的一切是危险的。[一]有些人喜欢投资中国，他们会选择非常了解中国国内市场的民营合伙公司合作。我能明白这一点。我也投资了中国的一些民营企业和民营投资机构。另外，有些公共投资也做得非常好。近年来，高盛公司投资了公开上市的中国工商银行，获益匪浅。我个人对中国的某些投资也都比较成功。大型国际公司的经理很希望能从投资中获得不错的回报，很希望能在中国挣到钱。

当西方出现金融危机时，当美国处理安然、安达信（Arthur Andersen）等非金融服务业的严重危机时，西方企业可以批评自己的公开市场。有些中国人看到这些，自然会感到不可思议甚至自相矛盾。俄罗斯人听到我们对俄企投资的抱怨后，也会有这种感受。金砖四国很多决策层谈论的是北大西洋信贷危机，而不是全球信贷危机。有些事情在我们眼中自然是投资者的顾虑，在他们看来却是偏见。除了正常的、合理的怀疑，要想完全认同他们的观点，并不是难事。

中国领导人在描绘远大理想时，我就在思考，我们今天看到的问题，其实是新兴市场都会出现的问题。我们看到，

[一] 此为高盛的分析。

美国、英国也在经常修改并完善自己的金融监管体系。没有一个市场是完美无缺的。因此，我们必须分析各个国家的目标。我认为，中国的目标是建立更开放、更透明、更自由的市场。中国希望上海成为世界重要的金融中心，特别是股权中心。中国希望西方企业能在上海上市。很多国际企业，例如汇丰银行，都认为非常有这种可能。届时，中国14亿人口可以将国际企业的股票加入自己的投资组合，国际企业也将从中获得新鲜资本。国际企业目前没有这样做的唯一原因就是担心其代价。上市需要哪些条件？监管后果是什么？对企业治理有何影响？

到2015年，要是上海股市没有几个西方企业的身影，我肯定会感到惊奇。中国希望西方企业在上海上市，西方企业也肯定可以利用这些资本。对于中国决策层而言，不利的情况是，中国股市增长到某一点时，轻微震荡造成全球投资者恐慌，导致资本大量外流，使中国经济不堪一击。中国也许很熟悉“慢涨快跌”这个词语。国内外投资者一个一个地来，可一旦出现问题，便一哄而散，造成极大的波动和不稳定。波动和不稳定是中国最为害怕的。但中国也知道，要想前进，要想让更多的外国先进事物帮助中国发展，这种代价有时就值得付出。

中国既需要开放、扩大股市，又不能让股市破坏中国经济的增长，如何做好这两个方面的平衡，将决定中国股市在未来几年的发展。

各个地区的投资管理同样在以惊人的速度发展。2007年，我到北京与中国的投资者交流时，参会人员主要是国家开发银行、中国人民银行、国家外汇管理局的政府官员。现在，我看到了中国的私募基金经理，我同他们交谈，就跟我同伦敦、纽约的对冲基金经理交谈一样。他们的学习速度、所提问题的质量，让人感到惊讶。

中国目前还没有西方那样规模庞大的私募基金经理，但这个人群正在崛起。高盛公司与中国工商银行一直有着良好的关系，当我看到工商银行分销部的人员时，我想到了日本过去和现在的投资巨头。它们通过挨家挨户上门恳求投资者来逐渐发展业务。

很多外国企业觉得在印度投资要比在中国投资困难。它们看到印度决策层高高在上，难以接近。对于印度决策层而言，允许大型跨国公司进入印度是非常艰难的政治交易。在印度政治家眼中，任何外国投资都会被解读成剥削压榨。这让跨国企业愤愤不平。但只要你能进得去，印度的金融体系可以说是个巨大的投资机遇。印度的住房信贷只占GDP的8%，可见印度经济完全是靠现金运转的。任何金融服务公司，只要建立类似于西方零售银行的业务，就能赚到大钱，同时帮助印度改变现状。为了发挥潜力，印度需要快速成长，摒弃某些不良习惯。

有趣的是，由于印度的殖民历史和英式法律制度，金融投资者大都认为在印度投资要比在中国投资容易，这与很多跨国企业的感受恰恰相反。

无论是不是金砖国家，每一个国家都有自己的投资禁区。在俄罗斯，人们主要关心的问题也往往是政府问题。我认识一些人，他们通过交易俄罗斯流动性最强的能源股获得了巨额利润，如俄罗斯天然气公司（Gazprom）的能源股。据说，俄罗斯目前正在严肃讨论在组成独联体的前苏联国家建立金融证券交易中心。

从投资角度来讲，巴西也许是最简单的金砖国家。巴西更像西方，更民主，具有更成熟的国内资本市场。巴西具有较高的利率和较好的外汇市场，高盛公司的证券业务在巴西蓬勃发展。巴西是高盛资产管理公司的第五大市场，目前比中国和印度更发达。在金砖四国中，巴西是最受私人投资者，包括国内外私募股权投资者欢迎的投资目的地。

这意味着我无须担心。但倘若一切都不错，我倒喜欢担心。我们必须时时刻刻权衡风险、机遇，并排除舆论干扰，看到合理价值。

我前面说过，对于金砖四国投资者而言，私募股权是非常振奋人心的领域。这在某种程度上是因为上市股权市场无法自由浮动。另外，当地专家、经验丰富的本土思想家与商人之间可能存在联系。因此，私募股权就提供了另外的机遇。著名投资与咨询公司黑石集团在2007年公开上市之前，曾将10%的股份出售给中国的主权财富基金中国投资公司（CIC）。这对黑石集团而言可谓明智之举，原因如下：此举不仅给黑石集团盖上了官方批准的重要印记，便于今后在中国寻找投资机遇，同时也允许中国通过黑石集团基金进行海外投资，避免重大主权财富投资引人注目。

目前，很多私募股权公司看到潜力巨大的消费者登上舞台后，都到中国来寻找各种机会。到中国进行这种投资的西方人越来越多。

不同的企业，对待俄罗斯的立场截然不同。很多企业，包括某些世界上最精明、最强劲、社会关系最优越的私募股权公司，似乎都不愿意在俄罗斯开展业务。然而，像得克萨斯太平洋集团（Texas Pacific Group）等公司似乎就没有这种心理障碍。有趣的是，最近，一些经验丰富的国际投资者似乎对俄罗斯做出了非常大的承诺，同意建立令人兴奋的新基金，其中一半由俄罗斯政府出资。

我在前面已经指出，很多投资者有时会觉得印度是个禁地。印度有着诱人的回报，但由于办事难，所以前景暗淡。外国投资者税法模棱两可，更是加大了问题的严重性。2007年，英国沃达丰收购印度移动通信运营商 Hutchison Essar，但交易所欠税款在法庭上争论了好几年。

机遇与风险必须权衡。沃达丰看到了长期机遇，另在印度投资了230亿美元。大额交易在印度也能完成，但需要巨大的耐心。这在某种程度上说明了印度的外国直接投资不如其他金砖国家的原因。即使在理论上允许投资的领域，印度政府也会设置障碍。假如印度能够改善外国投资环境，那么外国直接投资将会出现急剧增长。

随着时间的推移，金砖四国的定息债券市场将会取得更加精彩的发展。今天，中国和印度的信贷市场仍处于起步阶段。债券市场不成规模，消费者积极存款，很少贷款，企业发展依靠银行贷款或非正规的现金交易提供资金。虽然基础设施需求巨大，但为公路、铁路、机场提供资金的信贷体系仍处于原始阶段。从需求方面来看，投资商因缺乏投资机遇而灰心丧气。金砖四国建立投资基金、养老基金、保险基金后，可供利用的资本将越来越多。经济发展史告诉我们，信贷市场会随着经济的发展而发展。

20 世纪 70 年代初，七国集团的债券市场大致相当于今天中国的债券市场。后来，七国集团放宽金融监管，取消利率、汇率管制，放宽手续费和佣金，加上人口因素，彻底改变了债券市场。随着国家经济的成熟、人口的老龄化，以及养老金、人寿保险市场的发展，由于税收的降低，医疗保险、社会保险的增加，债券需求和政府贷款将随之增长。经济发展必然导致国企数量降低，银行管制放宽，进而导致资本市场不断发展。

1970 ~ 1995 年，欧洲和日本债券市场的平均增长额度相当于 70% 的 GDP。据我们分析，其中 2/3 要归功于人均收入的增长。国家越富，贷款越多。我们认为，到 2016 年，中国债券市场市值将达到 4.5 万亿美元左右（按今天的价格计算），相当于目前美国国债市场的规模，或者德国、法国债券市场的总规模。这种债券市场不断扩大的过程很有可能发生在金砖四国和成长型市场中。

我们有必要仔细研究中国和印度这两个最大金砖国家的资本市场。在中国，经济增长与资本市场成熟存在着较大的差距。债券市场仍以政府债券或政策性银行证券为主。中小企业快速增长，创造了 60% 的 GDP 和 50% 的税收，但它们却几乎不发行债券，没有债券市场。中小企业必须依靠留存收益、银行贷款和非正规的民间融资，特别是中国香港和中国台湾的民间融资。开放更多的正规债券市场，可以促进中小企业更快的发展。另外，由于银行存款收益较低，因此，企业债券也应该成为中国储户很好的投资方案。

债券市场蓬勃发展对一个国家有很多好处。它可以提高不同时期不同行业资源配置的效率，让储户和机构取出存款进行投资，并为中国经济的持续繁荣提供资金支持。倘若中国经济能够持续增长，中国的债券市场很快就会成为全球经济的重要组成部分。[2]目前，中国政府仍把贷款当做政府政策的延伸，通过资金配置来实现重要的政策目标。

20世纪80年代和90年代初，中国由于金融制度薄弱，对市场机制缺乏认识，企业债券市场刚刚起步就遭遇崩溃，因此政府的上述态度就不难理解。今天，我们看到一切都在急剧变化，中国的债券资本市场很快就会赶上经济增长的步伐。为了启动企业债券借贷的发展，中国人民银行在2005年建立了商业票据市场，虽然债券发行量较低，但正在加速增长。中国政府还在中国香港开展熊猫债券的试点工作。熊猫债券由外国企业发行，筹集的资金将在中国投资。前面已经提到，麦当劳是第一个发行人民币债券的跨国公司，这为麦当劳在中国的发展提供了资金支持，此后又有其他公司效仿其后。中国目前还没有建立国内储蓄与资本市场的沟通渠道，但随着养老基金、保险基金、投资基金的发展，这种局面必将发生改变。

对于印度，我们也可以得出很多相同的结论。[3]到2016年，印度公开和非公开债券市场将达到1.5万亿美元，是目前德国债券市场的2/3。印度的发展已经走上了通货膨胀较低、公共财政完善、外国直接投资较高、外汇储备较高的道路。所有这些都增强了印度抵抗冲击的能力。即便如此，印度仍然存在某些严重的问题，特别是其资本市场缺乏透明度。印度的民间借贷非常普遍，这使得公开债券市场难以发展。但同时印度对公开债券市场却又有着巨大的需求。印度极其需要发展基础设施，这是任何金砖国家不能比拟的。因此，印度非常有必要发展企业债券。由于企业债券周期短，与通货膨胀挂钩，因而能吸引世界各地的养老基金和保险公司。

和中国一样，印度也需要将债券市场从宏观经济目标中分离出来。印度需要解除投资机构必须持有大量公开证券的要求，否则债券市场就会被扭曲。目前，印度已经陷入经济学家所谓的“三元冲突”。随着资本流入、流出的放宽，印度必须放弃对汇率或货币政策的控制。假如印度想用利率来确定货币的价值，从而维持竞争力，那么由于印度和贸易伙伴存在息差，资本就会大进大出。假如印度想通过其他方式，如在公开市场购买印度货币，从而维持印度货币的价值，那么流动性就会紧缩。另一方面，假如印度想通过多印钞票来控制货币价值的上涨，那么就会出现通货膨胀。解决三元冲突的唯一办法就是放宽资本市场，这样一来，利率就会逐渐靠近国际利率，降低了被外国投资者及其热钱操纵的可能性。

另外，印度还可以在监管层面和技术层面进行多项改革。印度可以降低企业发行债券的信息披露要求，或者，印度可以调低企业债券的印花税税率。印度可以完善合同执行的法律框架，取消持有印度企业债券的外国投资者的限制。印度需要鼓励做市商的发展，建立完善的结算制度和清算制度，并从总体上优化资产支持型证券的环境。如此一来，印度的资本账户最后就能自由兑换，印度就能在世界经济大国中找到自己的正确位置。

虽然与金砖四国相关的宏观对冲基金投资取得了非常不错的发展，但金砖四国买空/卖空股权投资的发展却相对一般。问题主要在于金砖四国可以卖空的股票没有或远远少于发达市场。因此，这些对冲基金的行动速度和效率完全比不上它们在西方市场的表现。到目前为止，金砖四国的股票市场仍然规模有限，流动性不足，卖空股票的难度远远高于发达市场。例如，若你认为中国的银行估值过高，你丝毫没有办法卖空它们的股票。

另外，金砖四国的监管制度也比西方国家复杂。不过，随着投资者找到应对策略后，这一切都在发生变化。而且，随着金砖市场的发展，监管机构也在不断完善，从而促进金砖市场的进一步发展。中国香港、孟买、新加坡，出现了越来越多的对冲基金。从这个方面来看，巴西也许是最发达的。巴西央行行长、巴西通货膨胀政策制定者阿米尼·弗拉加在很多年前就建立了自己的对冲基金，其中包括长短期业务和私募股权业务。在印度，对冲基金的数量也在持续增长，这主要得益于很多印度人把纽约或伦敦的经验带回了国内。

综上所述，各种各样的观点和意见交相错杂，金砖四国的投资将越来越丰富多彩。我最近到日本出差，看到了日本重要零售银行理索纳银行的行长。他对我说，他已根据收益率指导了1 300万零售客户进行巴西里拉交易。从历史上看，日本个人投资者是世界最保守的投资者，因此他们决定购入巴西里拉就是信心十足的表现。在高盛资产管理公司，我们目前正计划推出成长型市场股票基金，由日本第三方分销。

离我办公室不远处是英国福斯特建筑事务所（Foster & Partners）的总部，它曾负责过发展中国家部分机场、摩天大楼等重大工程的建筑施工。我有时会到福斯特去转一转，谈谈它们在金砖四国的城市化建设中发挥的重要作用。在全球金融危机爆发之前，福斯特是旺兹沃思伦敦自治市职员最多的企业，有85%的业务都来自海外。这就意味着，投资金砖四国的关键就是投资能从金砖四国赢利的发达国家企业。

这种投资模式越来越常见，多亏了金砖四国，西方企业的增长速度才比以往任何时候都快。假如通用电气取消消费者金融部，只专注于制造、重工业和基础设施，那么通用电气也许就是最好的金砖股票之一。我前面说过，通用汽车在今天看来，与其说是美国企业，倒不如说是金砖企业。所有的大宗商品企业都是很好的金砖投资。

我认识一些非常聪明的人，他们对我说，要想玩转中国和印度的增长，最好的办法就是买入澳元。我不确定是否同意，但回顾一下过去，就会看到澳大利亚的贸易关系发生了巨大变化。过去人们认为，澳大利亚是美国经济命运的重要指标。现在情况变了。澳大利亚最大的出口伙伴依次为中国、日本、韩国、印度，然后才是美国。最近，澳大利亚开始把目光对准了快速增长的印度尼西亚。印度尼西亚距澳大利亚西海岸仅三小时。

未来几年，澳大利亚将处于非常有利的地位。澳大利亚拥有丰富的大宗商品资源，周围都是快速增长的经济体。悉尼高端房地产市场已经被中国资金统治，我认为，这一趋势将会愈演愈烈。

再看加拿大和德国，结论同样如此。我有时甚至认为，德国模式是金砖主题投资的成熟模式。我去过慕尼黑多次，当我走进宝马、西门子等企业时，我认识到，对于它们而言，中国比德国甚至欧洲都更重要。在北部的汉堡，一度衰落的港口区也因亚洲贸易的发展，脱胎换骨，面貌一新。

英国迫切希望成为金砖四国的重要合作伙伴。卡梅隆当选英国首相后，首先访问的国家是土耳其，然后是印度。卡梅隆将土耳其称为毗邻英国的金砖国家。有时，伦敦就像金砖四国的首都。方便的时区，英语使用的急剧增长，英国对外国企业和富人的开放立场，都使伦敦魅力大增，极大地吸引了金砖四国的人民。

英国希望加大与金砖四国的合作是正确之举，但英国领导人还必须深入了解金砖四国，并取得金砖四国的信任。英国教育、会计、法律等领域的服务企业在金砖四国有着巨大的机遇。假如英国希望加强与金砖四国的经济关系，英国领导人就必须调整方法，就不能对金砖四国的生活横加干涉，他们只需欣然接受即可。要想让英国企业把握金砖四国新兴市场的机遇，英国领导人就必须认真思考自己的办法。

随着金砖四国的持续增长，国际企业必将从中受益。这些企业范围之广、数量之多，促使我和研究投资的老同事一起，建立了金砖四国 Nifty 50[⊖]指数。通过该指数，投资者不必直接投资金砖市场便可参与金砖四国的投资。金砖四国 Nifty 50 指数自从几年前诞生后，表现就一直远远高于摩根士丹利全球指数。另外，我们还为各个金砖国家建立了单独的 Nifty 50 指数。通过随时对比两个篮子的估值，投资者可以选择直接投资金砖市场或者投资拥有金砖四国投资比率的发达市场企业。很多投资者都在密切关注波动情况。

当然，高盛公司并非看到惊人机遇的唯一投行。现在，很多金融机构和投资者都认识到金砖四国的经济潜能。金砖四国必将对我们的日常业务决策产生重要影响。今天，在世界各地进行投资的人，不能忽略或害怕金砖四国和成长型市场的崛起。我们最好保持开放的思想。虽然这些变化会带来不稳定，但世界经济呈现出如此规模的增长，对很多人而言，是非常好的事情，当然，这也有利于我们的投资。

⊖ “Nifty 50” 是美国股票投资史上特定阶段出现的非正式术语，用来指 20 世纪六七十年代在纽约证券交易所交易的 50 只备受追捧的大盘股。——译者注

结语

更加美好的世界

我提出金砖四国之后，研究、分析、不同寻常的出差访问，以及追根究底的思想之旅，构成了我这十年的生活。我隐隐约约体会到了早期拓荒者和探险家的感受。在全球宏观经济领域，我站在时代的潮头，看到了一条令人振奋而截然不同的道路。

这十年的历程就像一个故事，它的兴起与发展超出了我的最高预期。从我最初开始尝试思考金砖四国的潜力，到我现在提出成长型市场的概念，这十年的历程改变了我的思想。成长型国家的光明前景不仅对自己有利，更对我们每一个人有利。当我们经历经济版图的巨大变化时，我们有必要牢记这一点。

我在前面章节提到了很多趣闻逸事：印度人在瑞士花高价乘坐滑雪缆车上山避暑；中国商人花钱请巴黎本地人代购路易威登手提包；藏族集市商人一边翻越喜马拉雅高山，一边用移动电话交流行情；俄罗斯企业家建立了若干世界最好的互联网公司。我相信，类似的故事还将继续上演。

2011 年 7 月，正值欧美主权债务危机，在各大新闻中，苹果公司的财报结果引起了我的注意。高科技精巧设备的收入在2010年前三个季度增长了6倍。

在西方，苹果iPhone和iPad是值得拥有和必须拥有的，加上苹果在中国的畅销，苹果第二季度收益远远超出了我们的预期。和很多上市消费品公司一样，苹果也在上海等财富快速增长的中国城市开设了越来越多的经销店。我听说，上海某家经销店吸引的顾客数量甚至超过了纽约第五大道的苹果旗舰店。苹果财报结果发布后不久，山寨苹果店就频频出现。昆明山寨店的照片甚至刊登在了《纽约时报》上。谁说金砖四国的经济增长对美国无利？我想知道，苹果的高管是否仍把中国及其他推动世界商业发展的国家称为新兴国家？或者他们是否已经和通用电气的领导层一样，把这些国家称为成长型市场？

对于负债过度的西方国家而言，把商品销售到日渐崛起的成长型市场就是它们的未来。我预测，金砖四国的消费总额将在2020年之前超过美国（按美元计算）。在商业界和金融界，我们很多人都本能地认为，美国的消费者推动了世界经济的发展。到2020年，这种观念将成为历史之见。在未来十年中，金砖经济体将超过美国的规模，八个成长型市场将接近七国集团的规模，这将决定大多数西方跨国公司的全球性成败得失。

在全球信贷危机发生后的最初几年，很多欧洲人和美国人都认为，西方经济模式已经走到尽头，生活将从此改变，金砖四国将超过西方国家。但我认为，再过几年，这种消沉情绪就会消失。倘若金砖四国和N-11能够实现自己的目标，这对西方国家、对全世界都有利。

其实，此次金融危机也给我和同事一个检验金砖四国和N-11理论是否可靠的机会。我们发现，所有这15个国家摆脱危机的状况要远远好于西方经济大国。七国集团的经济产值大都没有恢复到危机前的水平，但金砖四国和N-11几乎都快速而轻松地恢复了经济增长。事实上，信贷危机发生后的三年里，世界经济增长的力量对比就一直在加速转变。这对发达经济体的出口产业而言，是个巨大的机遇，同时也为那些积极进取、希望重振昔日辉煌、重新获得平衡的经济体提供了绝好的机遇。

我热切相信，假如我们不再把这些正在崛起的经济大国看成无关紧要的新兴市场，我们就可以更好地认识风险与机遇。这就是我为何把金砖四国、印度尼西亚、韩国、墨西哥、土耳其称为成长型市场的原因。提出成长型市场的概念，绝非营销伎俩，亦非推销新投资基金的手段，而是它有助于我们形成全球性思维方式。

其他新钻国家有些也能在未来达到成长型市场的地位，例如埃及、尼日利亚甚至菲律宾。目前，对于很多投资而言，这些国家神秘、有风险、不稳定，难以预知未来。不过，要是这些国家实现了自己的经济梦想，那么这对我们每个人都会有不同寻常的影响。试想，一个强大而富有的尼日利亚将会对整个非洲产生怎样的重要影响？

投资界的变化也许有助于大家明白这一点。每当印度尼西亚和尼日利亚的决策层向我索求高盛公司最新的投资环境分数时，我都感到非常高兴。倘若我们这些信息有助于这些国家的民众增收致富，那我也会引以为傲。事实上，大多数成长型市场都具备良好的财政状况，这就是额外的优势。这些国家若能完善自己的行为，就会得到投资者的奖励，进而形成良性循环。

2011年夏天，看到可怕的主权债务危机到处肆虐时，我想到了《马斯特里赫特条约》（以下简称《马约》）。该条约规定了加入欧洲货币联盟的标准。为了确保陈旧的德国联邦银行式的财政纪律适用于所有成员国，《马约》于欧洲货币联盟成立之前签署。《马约》规定，成员国的通货膨胀率不得超过最低成员国的2%；预算赤字不得超过3%，或者债务与GDP总体比率不得超过60%（或至少应朝这一方向发展）。根据2011年夏天的财政、债务数据来看，目前欧洲货币联盟中只有芬兰满足这些标准。虽然德国老爱批评陷入困境的成员国，但要按照严格标准，德国也没有完全达标。假如我们用同样的标准来判断其他发达国家，那么只有澳大利亚、瑞典和加拿大十分接近。从理论上讲，这四个国家都具备加入欧洲货币联盟的条件。美国、英国，当然还有日本，其债务状况甚至比欧元区的平均水平还差劲。

相比之下，不能说全部，但大多数成长型经济体都能满足《马约》的财政标准，至于债务标准，八个成长型经济体全都满足。那么我们为何还要坚持把它们称为新兴市场呢？这些经济体的财政纪律会使德国联邦银行甚至保守的瑞士央行肃然起敬。倘若我们把这种财政责任与其巨大的增长潜力联系起来，那么仍把这些国家当成新兴国家就是非常不合时宜的。将某些成长型国家的货币纳入国际货币基金组织的货币篮子、特别提款权和摩根士丹利、标准普尔等可靠的指数生产商，可帮助很多人（不仅仅是投资者）改变对成长型国家的看法。

另外，我还相信国际经济的一条基本理论：总体而言，国际贸易对每个人都有利。失败者固然存在，特别是在最困难的快速调整时期，但理论和经验再三表明，我们都将从中受益。多年来，沃尔玛的成功为美国成千上万的消费者带来了实惠，这些非常廉价的消费品主要从中国进口。随着时间的推移，中国人的收入、工资和财富都在提高，沃尔玛很难再用这种方式来取得成功了。沃尔玛必须改变策略，也确实改变了策略。今天，沃尔玛除了要用廉价实惠的产品供应美国市场，保持国内的前沿位置，还要大举进军金砖四国及其他经济体，特别是巴西和南非市场。英国最大的零售商特易购也应当采取类似的举措。

但凡希望从金砖故事看到贸易效益的人，都应该花些时间与宝马、博世、奔驰、西门子等无数德国企业的高管或者德国贸易统计员做个交流。本书图 4-1 德国 2007 年以来的出口格局变化图，也许是我能想到的最有说服力的图表，从中我们可以看出变化之大、机遇之多。今天是德国出口，明天也许就是英国出口或美国出口，而且这不仅表现在产品方面。《中国日报》最近刊文指出要在中国内地建立诺丁汉大学校区。教育产品与服务的扩张可能会成为也应该成为西方国家在中国和印度的重大出口机遇。

在我漫长的金融生涯中，2008 年全球信贷危机是最可怕的一次冲击。我们的处境极其危险，全球经济可能出现持续而严重的衰退，但我们的决策层采取了大胆而果断的行动，挽救我们于危难之中。虽然西方国家恢复缓慢，失业率上升，仍未完全摆脱负面影响，但我发现，此次危机并非一无是处，它也有积极的方面，例如提高美国国内储蓄率，降低美国对外国资本的依赖，让大家认识到不能依赖美国的消费者，等等。

在美国住房市场大起大落之前，我和很多人都在担忧美国家庭没有储蓄传统、美国对外收支失衡持续加大、中国出口严重依赖美国。现在，这一切都变了。美国学了储蓄，减少了外国资本需求，适当改善了贸易平衡。中国当然也在摆脱以出口为主导的发展模式。

有些人认为，如此一来，特别是当中国不再大量购买美国国债时，美国将面临新的麻烦。这种担心是毫无必要的，这只是悲观主义者消极情绪的外在表现。美国提高国内储蓄率后（从2008年后期开始，储蓄占收入的比重从0.6%提高到5%左右），就降低了海外融资需求。要想改善进口，美国就需要减少外国资本。从总体来看，国际收支始终等于零；如果贸易赤字下降，资本流入盈余就会下降。只要可以改善贸易平衡，美国就确实应该欢迎中国等国减少美国国债的购买。

尽管如此，我还是能理解人们的担忧。对于体力劳动者或技能有限的人来说，变化总是难以适应。在他们的眼中，一切似乎都将有所不同。20世纪六七十年代，我在曼彻斯特长大时，很多人认为，曼彻斯特将永远无法从棉纺织业的破败中恢复过来。这种言论同样见于利兹的毛纺织业、利物浦和纽卡斯尔的海运和造船业。虽然这些城市至今仍然面临着各种各样的问题，但人们的生活有了巨大的进步，城市的很多方面都在蓬勃发展。2008年，英国房地产市场泡沫破裂之前，利兹无疑是除伦敦之外最具活力的大城市，这与历史面貌大不相同。即使利兹受到信贷危机殃及，但我相信，一旦利兹找到优势，就会重新焕发生机。

世界汽车制造业往往会对宏观经济变化给予更多的关注。汽车制造业的成功命运确实充分印证了金砖四国的传奇故事。虽然英国国内不再拥有自己的汽车产业，但很多外国企业都在英国生产汽车。2011 年 6 月，我到东京出差去看客户和决策层时，他们对我说，他们认为全世界都将感受到日本北部地震、海啸灾难导致的供应链中断问题。例如，日本瑞萨科技公司生产了世界汽车行业 40% 的高科技芯片。另一位决策者预测，英国很有可能会看到灾后供应链中断的严重负面后果。果然，英国国家统计局在解释英国 2011 年第二季度实际 GDP 增长率仅有 0.2% 时说，日本供应链中断是妨碍英国经济增长的原因之一。英国有本田、日产、丰田最有生产力的某些工厂。

在本书前面，我曾举例说明金砖四国消费者的汽车需求将对德国产生直接利益。宝马、奔驰、奥迪、大众在金砖四国特别是中国的销量无不呈现出巨大的增长。因此，发达国家无法大量保留国内汽车行业的生产与就业这类无稽之谈就会不攻自破。

这是美国决策层应当认真考虑的问题。为什么德国而非低收入国家可以提供中国人和俄罗斯人都想购买的汽车？为什么通用汽车必须真正把自己转型成中国式企业才能做到这一点？过去人们说，对通用汽车有利的，就是对美国有利。今天，这种说法也许仍然正确，甚至预示着通用的美好未来。

假如通用、福特、克莱斯勒生产的汽车可以满足成长型市场日益增加的富裕消费者的需求，那么这个说法就是正确的。

2009年，我与奥巴马政府美国国家经济委员会主任萨默斯等人展开了精彩的辩论。萨默斯大谈民主党执政后，将改善密歇根州弗林特市（通用汽车的诞生地）汽车工人的生活。为了实现这一目标，萨默斯认为必须出台相关政策，干预世界贸易。我同意美国需要增加国内生产，增加出口，从信贷危机中恢复过来，但我强烈反对只为了救助美国的汽车工人而干预世界贸易。

我随后与萨默斯展开了争论。我说他本人并不熟悉很多汽车工人的情况，但我不一样。我从小就生活在制造业曾经萎缩过的地方。我举了英国北部地区（德比和桑德兰）的例子。后来，日本企业在那里开设工厂，生产汽车，制造业重新焕发生机。美国的跨国企业要想在国内生产更多的工业产品，从而满足外国需求，那么正确的方法就是提高竞争力，并建立自己的品牌。具体做法可以参考德国的汽车企业。

当然，萨默斯是世界上最聪明的思想家之一，他的说法或许是正确的。我似乎和少数人一起，相信奥巴马总统可以在2010~2015年五年内实现出口翻番的目标，因为金砖四国和成长型市场存在着巨大的需求。虽然波士顿咨询公司（Boston Consulting Group）最近预测，美国的制造业要花五年时间才将完全恢复，但我仍然相信美国五年后能够实现出口翻番的目标。

这是一个激动人心的故事。它远远超出了商业和经济的范畴。财富和收入很有可能发生有史以来最大的变化，而我们正处在这一过程的起步阶段。

有些人认为，在全球化的过程中，只有少数人可以从中受益，发财致富；全球化损害了边缘人群的利益。每当我看到或听到这些歪曲事实的言论，我都会感到气愤不已。全球化也许会加剧某些国家之间的不平等，但从全球角度来看，全球化一直是推动世界积极发展的重要力量，全球化大大缩小了人与人之间的不平等，是史无前例的壮举。

金砖四国等国的经济增长使成千上万的人摆脱了贫困。我们很容易注意到中国创造了如此众多的亿万富翁，但我们也不应忘记，在过去15年中，中国有3亿人口摆脱了贫困。在印度，目前已经有数千万人口摆脱了贫困，在未来一二十年中，还将有3亿人摆脱贫困。在巴西，数百万人步入中产阶级。我亲眼看到里约热内卢最大的贫民窟目前正在摆脱贫困。巴西确实降低了自己的基尼系数，这表明巴西的贫富差距正在缩小。据我们高盛公司估计，随着金砖四国和新钻11国的发展，从现在到2030年，将有20亿人步入中产阶级。同样的事情也开始发生在非洲最具冲劲的国家。随着中东的崛起，这也有可能发生在中东，尽管现在判断为时尚早。

面对这些国家的发展，我们应当感到振奋和高兴，不应为此担心。很多人将有机会享受到财富增长的成果。

这是一个很重要的故事。

最后，我想用一个例子来加强本书的观点。大家知道，腐败、低效、浪费在印度非常普遍。为了彻底改变现状，印度出台了很多举措，现举一例。

2011 年 7 月中旬，印度身份证管理局（UIDAI）有位高级官员从德里来看我，我感到精神一振。身份识别是印度计划委员会 2010 年出台的一项举措，旨在为印度 12 亿人口提供统一的 12 位身份证号，进而将印度国民纳入社会福利体系。如此一来，即使生活在印度最偏远地区的人，也能享受到医疗、教育和银行服务。印度最大的 IT 公司、软件巨头印孚瑟斯公司（Infosys）的总裁积极支持这一计划的实施。

身份识别计划成功实施后，将改变印度数亿人的生活，进而改变印度。这将产生革命性影响。另外，身份识别计划可将供应商与消费者直接联系起来，有助于削弱腐败中间商的作用，大幅减少公共资源的浪费现象。印度身份证管理局希望到 2014 年完成 6 亿人口的身份信息采集工作。

印度高官在谈论这项计划时，我的热血开始沸腾起来。假如这项计划成功了，那么印度距离经济增长之梦就更进一步了。从这个简单而重要的例子就可以看出金砖四国故事对我的影响。我希望金砖四国的故事会影响到每一个人。

致　谢

没有良好的教育机会，我就不可能创造金砖四国的概念，不可能写就这本书。为此，我要感谢父母，是他们坚信教育的价值，让我和三个姐妹去好学校念书。

我要感谢那些建议我从事金融业的人，感谢过去30年在职场中遇到的同事和朋友。感谢当时谢菲尔德大学的Jim Ford教授，是他大胆推荐我攻读萨里大学的博士学位。没有这段经历，我恐怕不会成为真正意义上的经济师。除了我的父亲，Jim Ford教授似乎是唯一一个认为我能事业有成的人。

在我入行之初，外汇界的朋友教会我不少经济和金融市场方面的重要事实。对这次重要的学习经历，我至今感激。

我要感谢高盛公司众位同事的长期支持。多年来，很多同事给我灵感启迪，使我受益匪浅。在这里，我要特别感谢Jon Corzine、Gavyn Davies、Steve Einhorn、Richard Witten，以及Lloyd Blankfein，是他们在1995年力荐我加入高盛公司。感谢David May，在2005年最早建议我写一本关于金砖四国的书。

没有多米尼克·威尔逊和露帕·普鲁修撒曼，也许就没有我今天的地位。感谢他们在2003年撰写了影响深远的研究报告：《与金砖四国一起梦想：通往2050之路》，是这份报告让金砖四国的重要性急剧上升。当然，我同样还要感谢高盛公司全球经济部的所有同事，能与这些聪明绝顶的人共事，是我的荣幸。我必须特别感谢参与金砖四国工作的其他同事：Swarnali Ahmed、Stacy Carlson、Themistoklis Fiotakis、David Heacock、Alex Kelston、Sandra Lawson、Raluca Dragusanu 以及现在的 James Wrisdale，他们都在金砖四国的关键工作中帮了不少忙。2010 年，我出任高盛资产管理公司董事长时，Anna Stupnytska 和我一起来到这里。过去十年来，Anna Stupnytska 一直在积极参与金砖四国的事情，她对金砖四国的认识比我们很多人都深刻。Anna Stupnytska 直接影响了我对金砖四国的很多想法。

我必须感谢提供后备支持的经济、大宗商品与战略研究部首席运营官 Linda Britten，私人助理 Hannah Gower，以及工作出色的 Dawn Baker。Dawn Baker 除了录入手稿外，还帮忙打理杂务，让我的生活井井有条。

感谢所有参与本书技术细节处理的工作人员，感谢 Trevor Horwood 的编辑加工，感谢企鹅出版社的 Joel Rickett 和 Adrian Zackheim 将本书的出版事务提上日程。

我必须感谢加入高盛资产管理公司后让我开始新生活的很多人。感谢 Ed Forst 和 Tim O'Neill 建议我加入这一公司，感谢 Suzanne Escousse 对本书的所有支持，感谢她牺牲周末时间来编辑我的文章。

我的妻子陪伴了我整整 32 年，默默站在我身后，承担着一切。我还要借此机会感谢她以及我的两个孩子。

吉姆·奥尼尔

注 释

引言 勇往直前的经济增长

1. Jim O'Neill, "Building Better Global Economic BRICs", Goldman Sachs Global Economics Paper No. 66, November 2001.
2. Dominic Wilson and Roopa Purushothaman, "Dreaming with BRICs: The Path to 2050", Goldman Sachs Global Economics Paper No. 99, October 2003.
3. Jim O'Neill, Dominic Wilson, Roopa Purushothaman and Anna Stupnytska, "How Solid are the BRICs?", Goldman Sachs Global Economics Paper No. 134, December 2005.

第 1 章 金砖四国的诞生

1. The Group of Five, or G5, was an informal grouping formed in the wake of the 1973 oil crisis, comprising the finance ministers of the five nations with the highest GDP per capita: the United States, Japan, France, West Germany and the United Kingdom. Italy joined in 1975, when the group was formalized as the G6, becoming the G7 a year later with the addition of Canada. Russian membership in 1997 expanded the group to its present G8 format.
2. The individual G20 countries (in addition to the European Union as a whole) are Argentina, Australia, Brazil, Canada, China, France,

Germany, India, Indonesia, Italy, Japan, Mexico, Republic of Korea, Russia, Saudi Arabia, South Africa, Turkey, the UK and the USA.

第2章 从新兴到振兴

1. Angus Maddison, *The World Economy: Historical Statistics*, OECD Development Centre, 2004.

第3章 金砖各国

1. Jonathan Wheatley, "Lunch with the FT: Fernando Henrique Cardoso", *Financial Times*, 24 September 2010.
2. C. J. Chivers, "Putin Calls for Steps to End Drop in Population", *New York Times*, 10 May 2006.
3. Murray Feshbach, *Russia's Health and Demographic Crises: Policy Implications and Consequences*, Chemical & Biological Arms Control Institute, 2003.
4. Michael Schwirtz, "Russia Cites Progress on Fertility", *New York Times*, 19 July 2007.
5. Jim O'Neill and Tushar Poddar, "Ten Things for India to Achieve Its 2050 Potential", Goldman Sachs Global Economics Paper No. 169, June 2008.
6. Quoted in David Barboza, "Contrarian Investor Sees Economic Crash in China", *New York Times*, 7 January 2010.

第4章 新成长型市场

1. Dominic Wilson and Anna Stupnytska, "The N-11: More Than an Acronym", Goldman Sachs Global Economics Paper No. 153,

March 2007.

2. Jim O'Neill, Anna Stupnytska and James Wrisdale, "It is Time to Re-define Emerging Markets", Goldman Sachs Asset Management Strategy Series, 31 January 2011.

第5章 资源是否充足

1. Jim O'Neill, Roopa Purushothaman and Themistoklis Fiotakis, "The BRICs and Global Markets: Crude, Cars and Capital", Goldman Sachs Global Economics Paper No. 118, October 2004.
2. Jim O'Neill, "Can the G7 Afford the BRICs Dreams to Come True?", Goldman Sachs Global Economics Paper No. 119, November 2004; Jim O'Neill and Anna Stupnytska, "The Long-Term Outlook for the BRICs and N-11 Post Crisis", Goldman Sachs Global EconomicsPaper No. 192, December 2009.
3. Reuters citing Xinhua News Agency report quoting the State Council, 26 November 2009.
4. Gordon Conway, "Beijing Seeks a Head Start in the Race to Go Green", *Financial Times*, 11 November 2009.

第6章 消费

1. Jim O'Neill and Anna Stupnytska, "The Rise of the BRICs and N-11 Consumer", Goldman Sachs Asset Management Strategy Series, 3 December 2010.

第7章 新联盟展望

1. "Made in the USA, Again: Manufacturing is Expected to Return to America as China's Rising Labor Costs Erase Most Savings from Off-

shoring", Boston Consulting Group Press Release, 5 May 2011, available at www. bcg. com/media/PressReleaseDetails. aspx? id = tcm: 12-75973.

第 8 章 世界新秩序

1. Jim O'Neill, and Robert Hormats, "The G-8: Time for a Change", Goldman Sachs Global Economics Paper No. 112, 2004.
2. Edwin M. Truman, "Implications of Structural Changes in the Global Economy for Its Management", Paper delivered at the World Economic Forum-Reinventing Bretton Woods Committee Roundtable on Global Savings and Investments Patterns and the Changing Structure of the World Economy, Adelaide, Australia, 18-19 March, 2006.

第 9 章 投资与繁荣

1. Timothy Moe, Caesar Maasry and Richard Tang, "EM Equity in Two Decades: A Changing Landscape", Goldman Sachs Global Economics Paper No. 204, September 2010.
2. Francesco Garzarelli, Sandra Lawson, Michael Vaknin, Zhong Sheng and TengTeng Xu, "Bonding the BRICs: The Ascent of China's Debt Capital Market", Goldman Sachs Global Economics Paper No. 149, November 2006.
3. Francesco Garzarelli, Sandra Lawson, Tushar Poddar and Pragyan Deb, "India-Bonding the BRICs: A Big Chance for India's Debt Capital Market", Goldman Sachs Global Economics Paper No. 161, November 2007.

本书作者将全部预付款和销售版税捐赠给英国教育支持与帮助(SHINE)慈善组织。

英国教育支持与帮助组织(Support and Help in Education, SHINE)成立于1999年3月。它的使命是推出更多的教育措施，帮助青少年提高学业水平。凡以伦敦、曼彻斯特落后地区6~18岁学习成绩欠佳者为工作对象的组织，均可向该慈善组织申请资金支持。详情请访问www. shinetrust. org. uk。

译者后记

本书作者吉姆·奥尼尔出生在英国曼彻斯特一个普通家庭。奥尼尔毕业于英国谢菲尔德大学和萨里大学。2001 年起，奥尼尔担任高盛公司首席经济师，主要研究兴趣在外汇市场，现为高盛资产管理公司董事长，账下管理资金达 8 400 亿美元。奥尼尔最知名的成就，是发明“金砖四国”这一重要名词，因而被誉为“金砖先生”。

2001 年，奥尼尔首次提出金砖四国的概念，囊括了全球最大的四个新兴市场国家——巴西、俄罗斯、印度和中国，但当时并未立即引起轰动。2003 年，高盛公司发布后续研究报告《与金砖四国一起梦想：通往 2050 之路》，金砖四国开始受到关注并风靡世界，成为 21 世纪全球经济走向的最大预言。

金砖四国的 GDP 总量从 2001 年的 3 万亿美元左右增长到 11 万亿～12 万亿美元，翻了两番。金砖四国 GDP 增长总和是美国的两倍多。与此同时，金砖国家的合作机制也在逐渐形成。2009 年，金砖四国领导人首次在俄罗斯举行会晤，并发表联合声明。2010 年，第二次金砖四国峰会在巴西召开。同年 12 月，金砖四国协商一致，吸收南非加入金砖国家合作机制，把不断增长的经济力量转换为地缘政治影响力，大大改变这些国家同世界其他国家的关系。从某种程度上说，金砖四国这一概念改变了世界格局。

在金砖四国中，中国是最重要的国家。改革开放 30 年来，中国是世界上经济增长最快的国家，年均经济增长率将近 10%。2010 年上半年，中国 GDP 超过日本，位居世界第二。中国甚至将在 2027 年超过美国，成为世界最大的经济体。中国在过去相当长的时间里一直是世界大国。从秦开始，经汉唐宋明到清朝，中国在各个领域都是世界领先。英国工业革命之后，中国才开始了长达 300 年之久的停滞。所以，有朝一日，中国重振昔日辉煌，也是理所当然。

尽管目前食品价格和住房价格不断上涨，但中国正在减少对经济的过度刺激，降低货币供应量的增长速度，并千方百计地控制通货膨胀。另外，中国的贸易顺差开始急剧下降，中国的进口总额开始快速增长，中国的消费势力正在崛起。中国渴望与世界沟通，愿意融入世界。中国具有忧患意识，看到问题能够采取积极措施。中国集中精力发展自我，大力维持国内稳定与繁荣，等等。所有这些都为中国保持长远发展提供了重要条件。中国一定能实现这一伟大目标！

最后，我想在此衷心感谢提供翻译机会的出版社和英硕文化，感谢阅读译稿并提出修改意见的各位朋友和编辑。由于译者水平有限，加之时间仓促，书中难免存在谬误和不妥之处，恳请读者批评指正。

出版说明

当今世界，国际经济形势变幻莫测，未来的国际经济格局会是怎样？是美国依旧遥遥领先、独领风骚，还是金砖四国、N-11 国这些新兴经济体异军突起，成为可以左右国际经济走势、在世界经济的发展中拥有举足轻重地位的新生力量，世界各地的经济学家们对这个问题众说纷纭。著名经济分析服务机构高盛又是怎么看待这个问题的呢？来自高盛的“金砖之父”吉姆·奥尼尔用这本《高盛眼中的世界》告诉你这个问题的答案。我们本着“百花齐放，百家争鸣”的方针出版了这本《高盛眼中的世界》，和大家一起分享高盛对金砖四国、N-11 国以及美国、日本等世界重要经济体未来经济发展趋势的独特分析与预测。书中字里行间那些对各国经济发展或喜、或忧、或肯定、或否定的判断，虽然仅代表高盛对这些问题的一些预测和分析，但这些文字却抛砖引玉，带领大家深刻思索国际经济的未来发展趋势。我们希望广大读者在客观分析的基础上，甄别接受这些观点，点燃智慧的火花，为我国经济的稳健发展谏言献策。

经济阅读先锋

诺贝尔经济学奖得主最新力作
索洛、林毅夫等世界顶尖经济学家 联合推荐阅读

ISBN：978-7-111-36642-3
作者：（美）迈克尔·斯宾塞
定价：39.00元

中国人如何吸取邻国的经验教训？
来自日本亲历者
最犀利、最深刻的反省。

ISBN：978-7-111-暂无
作者：（日）池田信夫
定价：38.00元

揭开人类经济大增长的秘密！
读者、媒体、专家
最推荐的民间经济经典！
对现世繁荣有指导意义！

ISBN：978-7-111-34537-4
作者：（美）威廉·伯恩斯坦
定价：48.00元

亲历决策历史　洞察政策先机
中国资本市场20年成长之路
后危机时代中国资本市场机遇与挑战
中国金融未来开放与发展战略

ISBN：978-7-111-36730-7
作者：聂庆平 蔡笑
定价：48.00元

一剂针对浮躁、焦虑、迷茫、民粹主义的清凉散！
一部探讨当今中国经济问题和前途的严肃之作！
揭示我们最关心的问题，
理性了解中国经济数据真相。

ISBN：978-7-111-35498-7
作者：徐滇庆 李昕
定价：39.90元

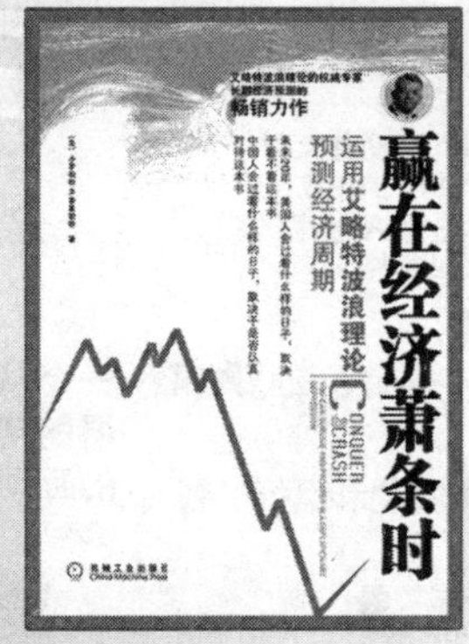

艾略特波浪理论的权威专家，
长期经济预测的畅销力作。
未来20年，美国人会过着什么样的日子，取决于看不看这本书。
中国人会过着什么样的日子，
取决于是否认真对待这本书。

ISBN：978-7-111-34020-1
作者：（美）小罗伯特 R. 普莱切特
定价：48.00元

金融是如何取代制造业，
成为美国经济中心的？
当经济、社会、政治都围绕着金融市场的轴心转动，对人们是福还是祸呢？

ISBN：978-7-111-34772-9
作者：（美）杰拉尔德 F. 戴维斯
定价：39.00元

为什么一切都会变好？
全球思想家正在阅读！
2012年乃至21世纪
我们最需要的书！

ISBN：978-7-111-36074-2
作者：（英）马特·里德利
定价：45.00元

可以拿来就用的经济学　让知识真正学以致用

最通俗、最实用的博弈论——解决你每一个人生和经营难题

活学活用博弈论
ISBN：978-7-111- 33464-4
作者：(美) 詹姆斯 D. 米勒
定价：39.80元
出版时间：2011-3

纯文字的臆测？不靠谱！高深的数学公式？看不懂！
你还在寻找一种简单、可操作的预测方法吗？
高盛的实用预测法，教你看懂真实的经济走势

我在高盛的经济预测法
ISBN：978-7-111-34768-2
作者：（美）约瑟夫 H.埃利斯
定价：39.00元
出版时间：2011-5

什么行为让你赚钱？什么行为又让你吃亏？
当企业、客户、员工的理性与非理性遭遇时？
第一本“怪诞行为学”的商业妙用指南！

会赚钱的行为经济学
ISBN：978-7-111-35006-4
作者：（美）陈其一　玛丽娜·克拉科夫斯基
定价：39.00元
出版时间：2011-6

一边旅行，一边赚钱！
最令人称奇的环球之旅，最新鲜有趣的生意之道！

与全世界做生意：一个经济学家的环球冒险
ISBN：978-7-111-31898-9
作者：(爱) 柯纳·伍德曼
定价：32.00元
出版时间：2010-10

华章经管

华章书院俱乐部反馈卡

所有以邮寄，传真等方式登记，并意愿加入者均可成为普通会员，并可以享受以下服务。

- 免费电子邮件通知当月出版新书
- 共同享有读华章论坛会员交流平台
- 享受华章书院定期组织的各种活动
  （包括会员联谊活动专家讲座行业精英论坛等）
- 优先得到读华章书目
- VIP会员享受全年12本最新出版精品书籍阅读

华章经管微博：http://weibo.com/hzbook
华章经管博客：http://blog.sina.com.cn/hzbook

◎反馈方式◎

网络登记：

登陆 ***www.hzbook.com***，在网站上进行反馈卡登记。

传　真：

将此表填好后，传真到 010-68311602

邮　寄：

将填好的表邮寄到：100037 北京市西城区百万庄南街1号309室　张若梦　收

咨询热线：010-68995261

个人资料（请用正楷完整填写，并附上名片）

姓名:________ 性别:☐男 ☐女 年龄:___ 联系电话:____________ 手机:________________

E-mail:______________________________ 邮政编码:__________ 传真:__________

通讯地址:______________________________ 就职单位及部门:________________

职　务: ☐董事长/董事 ☐总裁/总经理 ☐副总裁/副总经理 ☐高级秘书/高级助理
☐职员 ☐政府官员 ☐专业人员/工程人员 ☐其他（请注明）__________

学　历: ☐高中 ☐大专 ☐本科 ☐研究生 ☐研究生以上

所购书籍书名:______________________________

您是否愿意支付500元升级为VIP会员，享受全年12本最新出版精品书籍阅读？

☐愿意　　☐不愿意，原因______________________________